Gabriele Kuby

Die Gender Revolution

Relativismus in Aktion

fe-medien, kisslegg

Gabriele Kuby

Die Gender Revolution

Relativismus in Aktion

D-88353 Kisslegg www.fe-medien.de
3. Auflage 2007
Umschlaggestaltung: Manuel Kimmerle
Druck: Kessler Druck + Medien, Bobingen

ISBN: 978-3-939684-04-6

Inhaltsverzeichnis

Anhang

Das Absolutsetzen dessen, was nicht absolut, sondern relativ ist, heißt Totalitarismus. Es macht den Menschen nicht frei, sondern entehrt ihn und versklavt ihn. Nicht die Ideologien retten die Welt, sondern allein die Hinwendung zum lebendigen Gott, der unser Schöpfer, der Garant unserer Freiheit, der Garant des wirklich Guten und Wahren ist. Die wirkliche Revolution besteht allein in der radikalen Hinwendung zu Gott, der das Maß des Gerechten und zugleich die ewige Liebe ist. Und was könnte uns denn retten wenn nicht die Liebe?

Papst Benedikt XVI., Ansprache bei der Vigil
am 20. August 2005 beim 20. Weltjugendtag

Vorwort

Lieber Leser, liebe Leserin,

Sie haben ein Buch in Händen, dessen Titel Sie möglicherweise vor ein Rätsel stellt. Kaum jemand weiß, was „gender" heißt, und doch ist „Gender Mainstreaming" unter dem Druck der Europäischen Union zum „Leitprinzip" und zur „Querschnittsaufgabe" der Politik geworden. Das alte Wort „sex" für die Geschlechtsdifferenzierung von Mann und Frau wurde in den UN und der EU abgelöst durch den Begriff „gender". Dieser Begriff unterstellt, dass jede sexuelle Orientierung – heterosexuell, schwul, lesbisch, bisexuell und transsexuell – gleichwertig ist und von der Gesellschaft akzeptiert werden muss. Ziel ist die Überwindung der „Zwangsheterosexualität" und die Schaffung eines neuen Menschen, zu dessen Freiheit es gehört, seine sexuelle Identität unabhängig von seinem biologischen Geschlecht zu wählen und auszuleben. Wer sich dem „Gender Mainstreaming" widersetzt, diskriminiert und kann deswegen mit Hilfe neuer Antidiskriminierungsgesetze strafrechtlich verfolgt werden.

Die Genderideologie ist hinter dem Rücken der Öffentlichkeit in die staatlichen Institutionen, die Universitäten, die Schulen bis in die Kindergärten eingedrungen. Es ist ein Kernpunkt der *political correctness,* sich diese Ideologie zu eigen zu machen oder zumindest ihrer Durchsetzung durch Schweigen Vorschub zu leisten. Wer die Stimme dagegen erhebt, muss mit Ausgrenzung, Mobbing, Berufsverlust und – je nach Status – massivem medialem Beschuss rechnen. Mit dem Sturz des designierten EU-Kommissars Rocco Buttiglione im Jahr 2004 hat das Europäische Parlament ein Exempel statuiert. Die Anhänger einer Ideologie, die mit den Werten Freiheit, Toleranz und Antidiskriminierung operieren, sind im Begriff, die Meinungsfreiheit abzuschaffen, Andersdenkende auszuschalten und ihre Agenda totalitär durchzusetzen. Die Entschließung B6-0025/2006 des Europäischen Parlaments, die im Anhang abgedruckt ist, ist ein ungeschminktes Dokument dieses totalitären Geistes. Die Einflussmöglichkeiten von Christen in der Gesellschaft werden immer mehr beschnitten und die Weitergabe christlicher Werte an die nächste Generation gefährdet, weil Staat und Medien sich der Kinder und Jugendlichen zunehmend bemächtigen und die Erziehungsaufgabe der Eltern aushöhlen. Das eigentliche Ziel ist der Kampf gegen das Christentum, denn Christen glauben daran, dass Gott den Menschen „als sein Abbild, als Mann und Frau" (Gen 1,27) geschaffen und zur liebenden Hingabe und Fruchtbarkeit berufen und befähigt hat.

Wie weit der Prozess schon fortgeschritten ist und welch unabsehbare Konsequenzen das hat, lesen sie in den drei Aufsätzen dieses kleinen Buches. Der erste, *Die Diktatur des Relativismus,* versucht die Wurzeln des Zusammenbruchs der christlichen Kultur darzustellen. Wenn eine Kultur übereinkommt, dass es nicht möglich ist, das Gute und die Wahrheit zu erkennen, um daran das Handeln ihrer Mitglieder zu orientieren, dann kann letztendlich kein Urteil darüber gefällt werden, was dem Allgemeinwohl dient und was ihm schadet.

Der Kulturverfall, dessen Zeitgenossen wir sind, ist unausweichlich.

Im Zentrum dieses Prozesses steht die Auflösung der sexuellen Normen. Der englische Anthropologe J. D. Unwin hat in einer großen Untersuchung *Sex and Culture* festgestellt: Je größer die sexuelle Beschränkung, umso höher das kulturelle Niveau; je geringer die sexuelle Beschränkung, umso geringer das kulturelle Niveau. Wir sind Zeugen einer erneuten Bestätigung dieser Gesetzmäßigkeit. Der Aufsatz *Die Gender-Revolution – Relativismus in Aktion* zeigt, dass die sexuelle Revolution die Grundfesten von Familie, Kindern, Zukunft erschüttert.

Der dritte Aufsatz *Ausbruch zur Liebe – Wir brauchen eine sexuelle Gegenrevolution* erschien bereits 2005 als Broschüre. Trotz mancher Überschneidungen wurde er mit aufgenommen, weil er den Zusammenhang von der Ausrufung der sexuellen Revolution durch die 68er-Generation bis heute darstellt.

Man bedenke, was es uns kostet, dass die Sexualität ihres eigentlichen Sinns entkleidet wurde: der liebenden Vereinigung von Mann und Frau und der Fortpflanzung: Familienzusammenbruch, Abtreibung, Verwahrlosung von Teilen der Jugend, AIDS, demographische Wende. Die Agenten der Gender-Revolution mögen zeigen, welches Gut der Gesellschaft, insbesondere der jungen Generation, durch das Einreißen aller Schranken der Triebbefriedigung erwächst.

1968 hat Paul VI. mit dem prophetischen Dokument *Humanae Vitae* versucht, die Menschen *über die rechte Ordnung der Weitergabe menschlichen Lebens* aufzuklären. Sie wollten nicht hören. (Siehe dazu die Resolution zur Königsteiner Erklärung im Anhang.) Papst Johannes Paul II. hat die *Theologie des Leibes* entfaltet, um zu zeigen, dass Gott die Menschen durch seine scheinbar strengen Gebote auf den Höhenweg der Liebe ruft. Benedikt XVI. erinnert uns in seiner ersten Enzyklika *Deus caritas est* daran, dass Gott die Liebe ist und dass Eros zur Agape reifen muss, damit sich unsere Sehnsucht nach Liebe erfüllt. Es ist eine Gnade unserer Zeit, dass der Weg der Liebe zwischen Mann und Frau heller ausgeleuchtet ist als je zuvor.

Die Wahrheit geht unter, aber sie ertrinkt nicht.
Altes chinesisches Sprichwort

Die Diktatur des Relativismus

Was empfinden wir, wenn wir einen Menschen beten sehen – den eigenen Vater, die eigene Mutter, ein Kind, den Pfarrer, den Professor, einen Mächtigen? Er kniet, die Hände haben das Verstreute gesammelt, durch seine geschlossenen Lider dringt der Widerschein einer wachen Seele, sein Kopf ist leicht zum Herzen geneigt.

Vielleicht haben wir bei dem Mächtigen Zweifel, ob seine Körpersprache wahr ist. Aber wenn sie überhaupt vorkäme und wenn sie wahr wäre bei Vater, Mutter, Kind, Pfarrer, Professor, Staatsführer – wären wir dann nicht irgendwie beruhigt? Wir wüssten, dieser Mensch macht sich nicht selbst zum Gott; er weiß, dass er ein begrenzter Mensch ist; er weiß, über ihm gibt es eine absolute Macht, mit der er in Verbindung treten kann, von der er Wegweisung und Hilfe erbitten und erwarten darf, vor der er sich wird verantworten müssen. Wenn dann im Alltag von dieser Person Güte ausgeht gegenüber jedem Menschen, auch jenen, die seine eigenen Überzeugungen nicht teilen, würde nicht auch ein Atheist ihn achten und in ihm einen verwirklichten Menschen erkennen, nämlich einen, der mit der Wirklichkeit in Übereinstimmung gekommen ist? Vielleicht nicht. Denn durch das Sein des Gütigen ist ein Spiegel aufgerichtet, in den nur jener gerne schaut, der selbst nach dem Guten strebt. Tut er dies nicht, wird er den Spiegel möglichst aus seinem Blickfeld verbannen, vielleicht ihn sogar zerschlagen wollen.

Dies geschieht im gegenwärtigen historischen Augenblick: Das Denken der Zeit leugnet die objektive Existenz von Wahrheit, die Erkennbarkeit des Guten, die Möglichkeit und die Verpflichtung des Menschen, nach der Erkenntnis der Wahrheit und der Verwirklichung des Guten zu streben.

In der Predigt zur Eröffnung des Konklaves am 18. April 2005 sagte Kardinal Ratzinger: „Es bildet sich eine *Diktatur des Relativismus* heraus, in der nichts als endgültig anerkannt wird und die als letzten Maßstab nur das eigene Ich und dessen Wünsche zulässt."

Joseph Ratzinger warnt in seinen Schriften und Predigten als Kardinal und Papst immer wieder mit großem Nachdruck vor dieser Gefahr. Müssen wir da nicht hellhörig werden?

„Diktatur des Relativismus" – was bedeutet das? Relativismus ist ein philosophischer Begriff, der eine Sichtweise bezeichnet, die bei Protagoras ihren Anfang nahm. Der Grieche formulierte gut vierhundert Jahre vor Christus: „Der Mensch ist das Maß aller Dinge" – eine Auffassung, die sich heute, zweieinhalb Jahrtausende später, zur allein gültigen aufwirft. Beim Wort „Relativismus" steigt kein Bild auf. Der Relativismus trägt keine Stiefel und schwenkt keine Fahne. Er hat noch nicht einmal ein Logo wie Hakenkreuz oder Hammer und Sichel. Aber die Revolution des Menschenlebens durch den Relativismus greift vielleicht tiefer als je eine Revolution zuvor.

Wenn wir „Diktatur" hören, zucken wir zurück, denn es türmen sich vor unserem inneren Auge die Leichenberge der nationalsozialistischen und kommunistischen Diktaturen des letzten Jahrhunderts auf. Sie sind nicht durch einen Feldzug der Reue und der Sühne begraben worden, mit dem sich die Völker gereinigt hätten, in deren Mitte dies geschah. Nur eines ist sicher: Wir wollen nicht, dass so etwas noch einmal geschieht, dass Millionen Menschen der Macht eines Menschen, dem nur der Tod die Grenze setzt, geopfert werden. Wir wollen nicht, dass es anderen widerfährt, und wir wollen nicht, dass es uns selbst widerfährt.

Besteht die Gefahr, dass aus der Diktatur des Relativismus eine Diktatur wird, ein politisches System, in dem Menschen wieder zu Material werden, das für die Machtinteressen weniger gebraucht und verbraucht wird? Diktaturen fallen nicht vom Himmel, und die Hölle, die sie schaffen, entsteht nicht von heute auf morgen. Sie werden geistig vorbereitet. Später, wenn die Verheißungen sich unter dem Stöhnen der Menschen als Verführung entpuppt haben, werden die geistigen Wurzeln offenbar. Dann erscheint es rätselhaft, warum der Wolf nicht schon erkannt wurde, als er noch einen Schafspelz trug. Dann unterscheiden die Nachfahren ihre Vorfahren in Täter, Mitläufer, Opfer und Widersteher.

Was ist Relativismus?

Im *Großen Wörterbuch der deutschen Sprache* (Duden) wird Relativismus so erklärt: „Anschauung, nach der jede Erkenntnis nur relativ (bedingt durch den Standpunkt des Erkennenden) richtig, jedoch nie allgemeingültig wahr ist." Im *Lexikon für Theologie und Kirche* ist zu lesen:

„Die erkenntnistheoret. Position des R. führt folgerichtig in allen anderen philos. Disziplinen zur Leugnung absolut gültiger Prinzipien: in der Ethik wird die allg.-verbindliche Sittenordnung, in der Rechtsphilosophie das Naturrecht, in der Religionsphilosophie der Geltungsanspruch der Religion abgelehnt."

Das heißt: Wer dem Relativismus anhängt, kennt keine absolut gültigen Werte. Insoweit als eine Zeit sich dem Relativismus verschreibt, gibt es im Bereich der Sitten, des Rechts und der Religion keine absolut gültigen Maßstäbe.

In Gegensatz zum Relativismus steht die Erkenntnis des Wahren und Guten. Das Ringen um diese Erkenntnis in einer sich beständig wandelnden Welt ist seit Sokrates der Gegenstand der Philosophie. In unüberbrückbarem Gegensatz zum Relativismus steht die Erkenntnis, dass die wandelbare, relative Welt aus einer unwandelbaren, absoluten Quelle hervorgeht, von ihr erhalten wird und zu dieser zurückkehrt.

Diese Quelle heißt für den religiösen Menschen Gott. Aus der Gottbezogenheit folgen absolute Maßstäbe für gut und böse, die der Mensch erkennen kann und befolgen will, wenn er Gott liebt (Joh 14,15 und 15,10). Das Alte Testament legt die Betonung auf die Gottesfurcht und nennt sie den Anfang der Weisheit. Das Neue Testament stellt die Liebe Gottes in den Mittelpunkt. Das Drama des Menschen besteht darin, wie er mit seiner objektiven Freiheit umgeht: Ob er sich nach diesem absoluten Maßstab richtet, das heißt, christlich gesprochen, den Willen Gottes erfüllt, oder ob er sich selber zum Herrn über Gut und Böse macht.

Diese beiden Weisen, als Mensch in der Welt zu sein, liegen im Kampf. Sie liegen seit Adam und Eva im Kampf. Nun allerdings sieht es so aus, als spitze sich dieser Kampf in unserer globalisierten Welt zu wie nie zuvor.

Die Sitten, das Recht und die Religion bestehen auf Grund der Entscheidung über *Werte*, über das, was wünschenswert ist. Welche Auswirkungen hat es, wenn es keinen Konsens mehr darüber gibt, dass das Wünschenswerte das Gute sein soll, ja, wenn die Begründung des Guten aus der Wahrheit selbst als böse gilt? Wenn es keinen Polarstern des Guten gibt, wohin geht dann die Reise über den stürmischen Ozean des Menschenlebens, die Reise des Einzelnen und der Gesellschaft?

Für Zeit und Raum haben wir uns auf verbindliche Maßstäbe geeinigt. Greenwich-Meantime, ausgerichtet am unabänderlichen Lauf der Gestirne, stellt sicher, dass wir uns tatsächlich treffen, wenn wir das wollen. Das goldene Urmeter in Paris, für menschliche Verhältnisse ein absoluter Maßstab, sorgt dafür, dass wir uns über Höhe, Länge und Breite zuverlässig verständigen können. Die technische Zivilisation könnte ohne diese verbindlichen Maßstäbe nicht existieren. Kann die menschliche Kultur ohne verbindliche moralische Maßstäbe existieren?

Wer ist der Mensch?

Der Mensch ist, anders als das Tier, mit Vernunft und Freiheit begabt. Die Evolutionstheorie müht sich, die Wesensdifferenz zwischen Mensch und Tier für unwesentlich zu erklären, ist doch unser Genom nur minimal verschieden von dem des Affen. Jene, die diese

Auffassung zur allein gültigen machen wollen, haben eine Wertentscheidung getroffen. Sie *wollen*, dass der Unterschied vernachlässigbar ist. Und sie wollen nicht, dass die Gründe für diese Vorentscheidung ins Licht der Vernunft gestellt werden. Warum dieser Eifer, den Menschen dem Tier anzugleichen?

Niemand sieht den Menschen größer als der Gott der Christen: „Lasst uns den Menschen machen als unser Abbild, uns ähnlich", heißt es auf der ersten Seite der Bibel, und ein paar Zeilen weiter: „Gott schuf also den Menschen als sein Abbild; als Abbild Gottes schuf er ihn. Als Mann und Frau schuf er sie" (Gen 1,26–27). Eigentlich müssten die Menschen jubeln über die Zusage solcher Größe. Aber so viele wollen von diesem liebenden Gott nichts wissen, weil er vom Menschen fordert, lieben zu lernen.

Jene, die die Gottebenbildlichkeit und Einzigartigkeit der Person annehmen, halten die Unterschiede für wesentlich. Zum Beispiel diese:

Der Mensch ist sich seiner selbst bewusst.
Er weiß, dass er sterben wird.
Er kann fragen, woher er kommt und wohin er geht.
Er kann seine Triebe beherrschen.
Er hat die Freiheit, sich für das Gute oder das Böse zu entscheiden.
Er kann sein Leben hingeben für seine Freunde.
Er kann Feste feiern.
Er kann erhabene Kunstwerke schaffen.
Er kann Gott loben und preisen.

Wer die Unterschiede zum Tier wesentlich findet, der schützt den Menschen vor Angriffen auf seine Würde. Er schützt die vielen Schwachen vor den wenigen Starken.

Während das Verhalten des Tieres durch den Instinkt und den Trieb zur unmittelbaren Bedürfnisbefriedigung geregelt ist, so eröffnet sich für den Menschen objektiv ein Freiheitsraum, in dem er Entscheidungen treffen muss und will. Niemand kann dem Menschen seine letzte Freiheit nehmen, denn er *kann* sein Leben hingeben, um dem Guten treu zu bleiben. Das Tier nicht. Wie erkennt er, was gut und richtig ist, was böse und falsch, was er also tun *soll*? Und wie wird er willens und fähig, das, was er als gut und richtig erkannt hat, zu tun?

Darauf antworten Religion, Theologie und Philosophie.

Mit den Sinnen stößt der Mensch an die Schranke zum Unsichtbaren, was ihn zu Fragen drängt, welche die Sinne nicht beantworten können. Die unausweichliche Berührung dieser Schranke macht Angst, so dass die Menschen in allen Kulturen und zu allen Zeiten Vorstellungen von der unsichtbaren Welt und Kommunikationsformen mit ihr entwickelt haben, um die geahnten Übermächte günstig zu stimmen.

Die Hochreligionen offenbaren dem Menschen, wer er ist und wohin er geht. Mit dem Anspruch absoluter Wahrheit lehren sie ihn, was er tun *soll*, um in dem Kosmos, den die Religion beschreibt, den rechten Platz einzunehmen. Jede Religion verlangt vom Menschen, gut zu sein. Das Christentum tut es mit äußerster Radikalität bis hin zum Gebot der Feindesliebe. Durch zwei Jahrtausende haben sich Millionen Märtyrer lieber töten lassen, als das, was sie für wahr und gut hielten, zu verraten oder andere zu töten, um ihre Wahrheit durchzusetzen.

Nun gibt es verschiedene Religionen, die alle den Anspruch absoluter Wahrheit erheben. Darüber wurden und werden Kriege geführt. Gibt es also keine absolute Wahrheit? Müssen wir das Konzept fahren lassen? Ist der Anspruch auf Wahrheit verwerflich, weil es Menschen gab und gibt, die ihre Wahrheit anderen mit Gewalt aufzwingen wollen? Oder haben die Menschen, die das tun, sich dem eigentlichen Anruf ihrer Religion verweigert? Jesus Christus ruft den Menschen zur Feindesliebe auf. Der Islam hingegen predigt den heiligen Krieg.

Aus der Tatsache unterschiedlicher Erkenntnis von Wahrheit zu folgern, dass es keine absolute Wahrheit gibt, ist ein relativistischer Kurzschluss. Die Gleichung 2 + 2 = 4 wird nicht deswegen falsch, weil andere, und seien es noch so viele, behaupten, es sei 5.

Philosophie geht nicht von der Offenbarung des Göttlichen aus, sondern von der Fähigkeit der Vernunft, Wahrheit zu erkennen. Die Voraussetzung ist, wie bei der Religion, dass Wahrheit unabhängig vom Subjekt, das die Wirklichkeit wahrnimmt, existiert.

Diese Voraussetzung von Religion und Philosophie bringt der Relativismus ins Wanken. Da es keinen Konsens über Wahrheit geben könne, sei die Frage nach der Wahrheit eine irrelevante Privatangelegenheit, ja mehr noch: der Anspruch auf Wahrheit ein gefährlicher Feind der Demokratie und des Friedens.

Es handelt sich um eine geistige Strömung, die unsere Zeit so sehr erfasst hat, dass Joseph Ratzinger von einer *Diktatur* dieser Sichtweise spricht. Diktatur heißt: Diejenigen, die sie vertreten, haben so viel Macht, dass sie ihre Sicht anderen aufzwingen können und nichts anderes mehr gelten lassen. Dieser Prozess spielt sich innerhalb der Zunft der Denker ab, der Philosophen, Theologen, der Rechtsgelehrten, der Sozialwissenschaftler, der Psychologen, ja in allen wissenschaftlichen Disziplinen, auch den Naturwissenschaften, die scheinbar wertfrei arbeiten.

Aber die Idee, dass es keine verbindlichen Werte mehr geben kann und darf, hat die Werkstätten hochpotenter Denker längst verlassen und ist zur herrschenden Ideologie unserer Zeit geworden. Große Teile der jungen Generation, die von Gott kaum mehr den Namen kennen, gilt der Abschied von verbindlichen Werten als Garant der Freiheit.

Wie soll eine Kultur leben und überleben können, wenn sie keine Übereinstimmung mehr darüber hat, dass das Gute erkennbar ist und angestrebt werden soll, vom Einzelnen, von Gruppen, vom Staat? Überall hören wir den Ruf nach „Werten" und erleben gleichzeitig die Zertrümmerung ihrer Grundlage.

Sehen wir näher hin, was Joseph Ratzinger meint, wenn er von der *Diktatur des Relativismus* spricht.

Die totalitären Ideologien

Die heutige Ideologie des Relativismus ist in einem historischen Kontext entstanden. Das Trauma der gescheiterten Ideologien des Nationalsozialismus und Kommunismus gehen ihr voraus. Es waren Utopien vom „Herrenmenschen" und vom „neuen Menschen", die das Paradies auf Erden schaffen sollten. Das Ergebnis waren Abermillionen Tote, Verwüstung der Seelen, der Kultur, der Natur.

Joseph Ratzinger erläutert: „Revolution und Utopie – der Ausgriff nach der vollkommenen Welt – gehören zusammen: Sie sind die konkrete Gestalt dieses neuen, politischen und säkularen Messianismus."[1] Da es keine irdische Erlösung geben kann, führt diese Perversion der Wahrheit in größtes Unheil. Ratzinger bringt es auf den Punkt: „Der Götze Zukunft frisst die Gegenwart."[2]

Als Papst Benedikt XVI. am 28. Mai 2006 in Auschwitz betete, sagte er: „Mit dem Zerstören Israels sollte im Letzten auch die Wurzel ausgerissen werden, auf der der christliche Glaube beruht, und endgültig durch den neuen, selbstgemachten Glauben an die Herrschaft der Menschen, des Starken, ersetzt werden."

Beide totalitären Ideologien kämpften gegen Gott. Nachdem das unfassliche Verbrechen der Nazis, die Ausrottung des auserwählten Volkes, vor der Welt offenbar geworden war, richtete sich die Vernichtungswut der Kommunisten vor allem gegen die Christen. Dies geschah mit dem Anspruch auf „Wahrheit" und „Wissenschaftlichkeit".

In einer Zeit, in der positive Wissenschaft als einzig verlässlicher Zugang zur Wahrheit galt und gilt und Wahrheit auf ihren quantifizierbaren Aspekt beschränkt wird, bedurfte die Ideologie dieses Attributs. „Wissenschaftlichkeit" ist immer noch der Mantel, in den sich die Ideologien heute kleiden müssen, um das Machtstreben ihrer Propagandisten zu verbergen.

Was geschah, als die Lüge im Abgrund des mensch-

---

[1] Joseph Ratzinger, *Werte in Zeiten des Umbruchs* [kurz: *Werte*], Freiburg 2005, S. 59.

[2] *Werte*, S.18.

lichen Leids offenbar wurde? Die Menschen erkannten: Wir wurden belogen! Wir haben uns belügen lassen – von den Nazis, von den Kommunisten. Nein, es war keine Wahrheit, es war eine furchtbare Perversion der Wahrheit. Das Böse wurde uns von Kindesbeinen an als gut verkauft, um die diktatorische Macht einer Clique zu rechtfertigen und zu erhalten. Die Diktatoren wissen: Sie müssen das Böse gut nennen, denn der Mensch will für das Gute leben.

Was, so hätte die brennende Frage lauten müssen, ist denn die Wahrheit? Wo habe *ich* mich verführen lassen, wann habe ich die Stimme der Wahrheit in meinem Innern zum Schweigen gebracht, *das Gewissen*, das irgendwann aufhörte, mir meine eigene Schuld zu signalisieren? Wann habe ich in einer gottfeindlichen Umgebung aufgehört, an Gott festzuhalten? Wann habe ich mit den Wölfen geheult, weil ich ein Held hätte sein müssen, wenn ich geschrien hätte: Hier geschieht Böses!? Wann habe ich schließlich das schmutzige Geschäft der Unterdrücker mitbesorgt, weil es mir Vorteile einbrachte? Reue, Umkehr, Sühne, Buße wären Not wendend gewesen, um dem Bösen den Schafspelz abzureißen. Geschieht das nicht, so wird es im Handumdrehen in einem neuen Gewand erscheinen.

Es ist nicht geschehen. Nicht nach dem Sturz des Nationalsozialismus, nicht nach dem Sturz des Kommunismus. Stattdessen wurde das Ringen um die Wahrheit als Grundlage der gesellschaftlichen Existenz aufgegeben. Dies wird gerechtfertigt als Antwort auf den Schrei der geknechteten Menschen nach Freiheit.

Demokratie statt Wahrheit

Die totalitären Regime wurden durch den politischen Willensbildungsprozess der Demokratie ersetzt. Demokratie erscheint uns heute als die beste aller Gesellschaftsformen, weil wir glauben, dass sie uns vor Willkür und Unterdrückung bewahren und Gerechtigkeit und Freiheit aller am besten garantieren könne. Nach relativistischer Auffassung ist das Ziel des Staates nicht mehr, das *summum bonum*, das Allgemeinwohl, zu verwirklichen – weil darüber keine Übereinstimung herzustellen ist –, sondern den Willen der Mehrheit.

Die drei Quellen, aus denen die abendländische Kultur bisher die Maßstäbe für das Allgemeinwohl und das bindende Recht geschöpft hat, wurden und werden beargwöhnt und verschüttet: Das von der griechischen Philosophie mit den Mitteln der Vernunft begründete Naturrecht wird als katholische Sonderlehre abgelehnt. Die Metaphysik – die Einsicht der Vernunft in das Wesen der universalen Wirklichkeit und das Wesen des Menschen – gilt nicht mehr als Zugang zu verbindlicher Wahrheit. Der christliche Glaube, der die abendländische Kultur hervorgebracht hat, hat seine Verankerung in den Herzen und im Handeln der großen Mehrheit der Menschen verloren.

Joseph Ratzinger erläutert: „Wir wollen nicht, dass der Staat uns eine bestimmte Idee des Guten aufdränge. Das Problem wird noch deutlicher, wenn wir den Begriff des Guten durch den Begriff der Wahrheit verdeutlichen. Die Achtung der Freiheit jedes Einzelnen scheint uns heute ganz wesentlich darin zu bestehen, dass die Wahrheitsfrage nicht vom Staat entschieden wird: Wahrheit, also auch die Wahrheit über das Gute, erscheint nicht als gemeinschaftlich erkennbar […] Der Begriff Wahrheit ist in die Zone der Intoleranz und des Antidemokratischen gerückt. Sie ist kein öffentliches, sondern nur ein privates Gut bzw. ein Gut von Gruppen. Der moderne Begriff der Demokratie scheint mit dem Relativismus unlöslich verbunden zu sein."[3]

Für Richard Rorty, den amerikanischen Rechtsphilosophen und Vordenker des Relativismus, ist das Ideal „eine liberale Gesellschaft, in der absolute Werte und Maßstäbe nicht mehr existieren werden; das Wohlbefinden wird die einzige Sache sein, die anzustreben sich lohnt." „Der Kernpunkt der Demokratie [ist] die Freiheit und nicht das Gute, das schon wieder als freiheitsgefährdend erscheint." „Rechtsquelle könnten nur die mehrheitsfähigen Überzeugungen der Bürger sein."[4]

Auch Rorty weiß, dass Hitler durch einen Mehrheitsbeschluss an die Macht gekommen ist. Warum ist nicht auch für ihn offensichtlich, dass „die Irrtumsfähigkeit der Mehrheit nicht bestritten werden [kann]"?[5] Die Irrtümer „können sich nicht nur auf Peripheres beziehen, sondern auch grundlegende Güter in Frage stellen, sodass die Menschenwürde und die Menschenrechte nicht mehr gewährleistet sind, also das Wozu der Freiheit zu Fall kommt. Denn was Menschenrechte sind und worin Menschenwürde besteht, liegt keineswegs immer für die Mehrheit offen zutage. Dass sie verführbar und manipulierbar ist und dass Freiheit gerade im Namen der Freiheit zerstört wer-

---

[3] *Werte,* S. 52f.

[4] *Werte,* S. 45–59.

[5] *Werte,* S. 59.

den kann, hat die Geschichte unseres Jahrhunderts dramatisch bewiesen."[6]

Wir müssen gar nicht zurückschauen, um zu erkennen, dass Menschenrechte, die nicht in absoluten Werten verankert sind, brüchig werden. Niemand wird bezweifeln, dass das Recht auf Leben das elementarste Menschenrecht ist und es folglich die erste Aufgabe des Staates ist, das Leben seiner Bürger zu schützen, auch und gerade jener, die es selbst nicht schützen können. Aber der Mehrheitswille hat beschlossen, dass ungeborene Kinder getötet werden dürfen. Dies bezeichnet die deutsche Rechtsprechung zwar als Unrecht, aber sie stellt das Unrecht frei von Strafe. Die Volksvertreter haben sich damit *nicht* über den Volkswillen hinweggesetzt, sondern den Willen der Mehrheit, von der sie gewählt wurden und wieder gewählt werden wollen, erfüllt. In der EU und UN gibt es inzwischen sogar Bestrebungen, Abtreibung zum Menschenrecht zu erklären. Selbst die Gefangenenhilfsorganisation Amnesty International ist im Begriff, dies zu einem Ziel ihres Verbandes zu machen.

Wenn die Menschenrechte nicht in einem absoluten Wert verankert sind, nämlich der Unantastbarkeit des Lebens, werden sie zur Verhandlungsmasse. Der leere Raum der Freiheit wird vor unseren Augen mit den Leichen der abgetriebenen Kinder gefüllt.

Nachdem das Lebensrecht einer Gruppe von Menschen auf dem Weg legaler, demokratischer Entscheidung preisgegeben wurde, ist der Damm gebro-

---

[6] *Werte,* S. 59.

chen. Auch das Lebensrecht anderer Gruppen ist zur Disposition gestellt. Behinderte dürfen bis unmittelbar vor der Geburt getötet werden, Alte und Kranke, ja sogar kranke Kinder, können in unseren Nachbarländern in den Tod befördert werden, wenn sie selbst – oder im Falle der Kinder die Eltern – das wollen.

Es ist offensichtlich: Wenn die Mehrheitsentscheidung zum Guten führen soll, dann muss die Mehrheit das Gute wollen und fähig sein, das Gute zu tun. Nichts spricht dafür, dass aus der Summe der Egoismen der Einzelnen Entscheidungen getroffen werden, welche die Lebensgrundlagen der Gesellschaft stärken und zukunftstauglich machen. Jeder weiß: Das Gute zu tun, ist schwer, das Böse zu tun, ist leicht. Verführung besteht darin, das Urteilsvermögen über Gut und Böse einzulullen oder sogar das Böse als gut zu verkaufen. Wir sind ohne Erziehung zum Guten immer bereit, die eigenen Interessen auf Kosten anderer durchzusetzen. Wir sind verführbar. Wir sind manipulierbar. Die Möglichkeiten der Verführung und Manipulation sind in der heutigen Zeit ins Horrende gestiegen. Demokratie steht und fällt also mit dem moralischen Zustand der Menschen, die Mehrheitsentscheidungen treffen. Deswegen spricht Ratzinger von den „vorpolitischen moralischen Grundlagen eines freiheitlichen Staates" und findet Zustimmung bei dem Philosophen Jürgen Habermas, der einst als Mitglied der Frankfurter Schule Inspirator der Studentenbewegung war. Die blutige Vergangenheit und die blutige Gegenwart zeigt über jeden Zweifel: Es muss „einen nicht relativistischen Kern der Demokratie" geben.

Toleranz – Kampfbegriff des Relativismus

Der polnische Philosoph Ryszard Legutko zeigt, wie sich die Machtergreifung des Relativismus vollzogen hat und vollzieht.[7] Eine Schlüsselrolle spielt dabei der Begriff der Toleranz. Aus der untergeordneten Tugend der Toleranz wurde ein Kampfbegriff zur Errichtung der Diktatur des Relativismus.

Toleranz steht in der Werteskala des Zeitgeistes ganz oben. Früher galt Toleranz als eine wünschenswerte Tugend, um den sozialen Frieden zu bewahren, denn Intoleranz hatte zu Gewalt und Verfolgung geführt. Insbesondere sollte Toleranz die Religions- und Gewissensfreiheit gewährleisten. In seinem *Traité sur la tolerance* hatte Voltaire die Toleranz als den Gipfel der Moral verteidigt, aber – anders als die Relativisten unserer Tage – die Wahrheit als solche nicht für einen repressiven Begriff gehalten. Toleranz, der es um nicht mehr als die friedliche Koexistenz von Menschen mit unterschiedlichen Überzeugungen zu tun ist, nennt Legutko „negative Toleranz".

Aber dabei blieb es nicht. Der Begriff der Toleranz sollte bestimmte Sichtweisen begünstigen und andere neutralisieren. Toleranz wandelte sich zu einem gesellschaftlichen Programm, das alle Philosophien, Religionen und sozialen Normen ausschalten sollte, die einen Wahrheitsanspruch erhoben. Es ging nicht mehr darum, etwas zu *unterlassen*, nämlich die Unterdrückung Andersdenkender, sondern etwas zu *tun*, nämlich für die Sache der Freiheit zu kämpfen. Dies nennt

---

[7] Ryszard Legutko, *The Trouble with Toleration*, Partisan Review, Bd. 61, Nr. 4, 1994. (Übersetzung der Zitate Gabriele Kuby)

Legutko „positive Toleranz". Er schreibt über die postmodernen Philosophen:

Sie glauben, „dass wir die intellektuelle Grundlage der Intoleranz ausmerzen können, sollen und schon begonnen haben, dies zu tun [...] Es ist die Wahrheit als solche, unabhängig vom Grad der Arroganz oder Demut, mit der sie bekannt wird, die für Intoleranz verantwortlich ist." Jede Wahrheit schließt andere aus. „Wenn man z.B. auf seiner Heterosexualität besteht, dann könnte man verdächtigt werden, damit zu implizieren, die Homosexualität sei objektiv falsch; das wiederum könnte einem den Vorwurf einbringen, man beschneide die Würde von Homosexuellen und hetzte folglich zur Diskriminierung gegen sie auf. Von der Wahrheit führt folglich ein gerader Weg zur Verfolgung."[8]

Diese Philosophen fordern, dass Metaphysik und jede Erkenntnisart, die aus der Wahrheit abgeleitet werden kann, aufgegeben werden muss.

„Dieses Befreiungsprogramm bedeutet die Abschaffung der Philosophie, so wie sie seit zweieinhalbtausend Jahren existiert hat."[9] Mit dem Begriff der Wahrheit wurden auch andere Begriffe ausgesondert: Wesen, Natur, Subjekt–Objekt–Dichotomie, Vernunft, Gut und Böse. „Richard Rorty drückt das so aus: Demokratie hat Priorität vor der Philosophie." [10]

Das Konzept der positiven Toleranz gesteht jedem seinen eigenen Standpunkt zu, verlangt aber, dass man alle anderen Standpunkte als gleichberechtigt annehmen muss. Man darf keine negativen Urteile über andere

---

[8] ebd., S. 170.
[9] ebd., S. 171.
[10] ebd., S. 171.

Standpunkte fällen, weil dies diskriminierend wäre, und muss auch das respektieren, was man widerwärtig findet.

Damit ist eine starke Identifikation mit dem eigenen Standpunkt verboten. Man muss allem gegenüber wohlwollend offen sein. Etwa so: „Ja, ich bin Christ, aber ich bin dennoch wohlwollend offen, wenn ein Künstler auf ein Kruzifix uriniert."[11]

„Ziel ist der *homo liberalis,* dessen erste und wichtigste Loyalität in der Öffentlichkeit und im Privatleben die Ordnung der Pluralität ist, nicht ein bestimmtes Glaubensbekenntnis. Der *homo liberalis* ist die einzige Verkörperung der Menschheit, die den Anforderungen und Bedingungen der Toleranz genügen kann. Das ursprüngliche Verdienst der Toleranz war, dass ein Protestant nicht gezwungen wurde, seinen Protestantismus zu verleugnen, und ein Jude nicht gezwungen wurde, sein Judentum zu verleugnen. Jetzt scheint einem nur dann die Ehre zu widerfahren, zu den Toleranten gezählt zu werden, wenn wir alle *homines liberales* werden und unsere Weltsicht entsprechend verändern; und zwar nicht, weil diese Weltsicht als falsch bewiesen wurde, sondern weil man sie für sozial und politisch anstößig hält. Kurz gesagt, Toleranz ist ein Programm tief greifender sozialer Umerziehung."[12]

Zu welchen Konsequenzen die relativistische Theorie führt, wird klar an der Position des österreichischen Rechtsgelehrten Hans Kelsen, der nach Ratzinger der herausragende Vertreter der streng relativistischen Position ist.

---

[11] ebd., S. 175
[12] ebd., S. 176.

Kelsen beurteilt die Haltung des Pilatus bei der Verurteilung Jesu. Er sieht in ihm den vorbildlichen Demokraten.

Zur Erinnerung: Pilatus kann an Jesus keine Schuld finden. Er fragt: „Also bist du doch ein König?" Jesus antwortet: „Du sagst es, ich bin ein König. Ich bin dazu geboren und dazu in die Welt gekommen, dass ich für die Wahrheit Zeugnis ablege. Jeder, der aus der Wahrheit ist, hört auf meine Stimme." „Was ist Wahrheit?", fragt Pilatus, aber die Antwort interessiert ihn nicht. Er geht wieder hinaus zu den Juden, möchte einen Deal mit ihnen machen. Barabbas statt Jesus, Geißelung statt Kreuzigung. Aber die johlende Masse lässt sich nicht abspeisen. „Ans Kreuz mit ihm! Ans Kreuz mit ihm!" Als Pilatus merkt, dass er beim Kaiser in Misskredit kommen könnte, wenn er den „König der Juden" nicht zum Tode verurteilt, liefert er Jesus den Seinen aus, „damit er gekreuzigt würde", und wäscht seine Hände im unschuldigen Blut. (Joh 18,37–19,16a).

Ratzinger sagt dazu: „Kelsen ist der Meinung, Pilatus habe hier als vollkommener Demokrat gehandelt. Da er nicht weiß, was gerecht ist, überlässt er es der Mehrheit, darüber zu entscheiden. Pilatus wird auf diese Weise in der Darstellung des österreichischen Gelehrten zur emblematischen Figur der relativistischen und skeptischen Demokratie, die sich nicht auf Werte und Wahrheit stützt, sondern auf Prozeduren. Dass im Falle Jesu ein unschuldiger Gerechter verurteilt wurde, scheint Kelsen nicht anzufechten. Es gibt eben keine andere Wahrheit als die der Mehrheit."[13]

---

[13] *Werte, S. 55.*

Dass die Konsequenz des Relativismus, nämlich die demokratische Legitimierung eines Justizmordes, von einem hoch angesehenen Rechtslehrer in Kauf genommen und offen bekannt wird, ist erstaunlich. Dass der Unschuldige Jesus Christus ist, der hier der zum Götzen gemachten Demokratie geopfert wird, ist für Christen ein Menetekel.

Das Wort wirkt

Wir haben das Denken der Zeit beleuchtet, in der wir leben. Die Kernaussage des Relativismus ist: Wir können das Gute und das Wahre nicht erkennen. Deswegen kann das Gute und das Wahre keine verbindliche Grundlage unseres Zusammenlebens in Freiheit sein. Wer den Anspruch erhebt, zu wissen, was gut und wahr ist, gilt als intolerant und muss deswegen bekämpft werden.

Welche Art von Gesellschaft bringt das relativistische Denken hervor? Gibt es überhaupt diese Kausalität: Das Denken schafft gesellschaftliche Realität? Wenn wir eine geschichtliche Epoche betrachten, so befassen wir uns mit den Ideen, die in dieser Zeit das Denken der Menschen prägten. Immer stellen wir eine Kongruenz zwischen dem philosophischen Denken und der gesellschaftlichen Wirklichkeit fest. Heinrich Heine sagte in einer düsteren prophetischen Schau über die Entwicklung Deutschlands: „Der Gedanke geht der Tat voraus wie der Blitz dem Donner.“[14]

Der Zusammenhang ist geheimnisvoll. Wie ist es möglich, dass das, was sich ein Hegel, ein Marx, ein Sigmund Freud in ihren Studierstuben ausdenken und was

---

[14] Heinrich Heine, *Zur Geschichte der Religion und Philosophie in Deutschland*, Drittes Buch, 1834.

nur von einer Elite von Gelehrten überhaupt nachvollzogen werden kann, über kurz oder lang die Lebenswirklichkeit der Völker prägt? Wie sickert es in die Hirne und Herzen der Massen und bestimmt ihr Handeln?

Wir müssen erkennen: Das WORT schafft Realität, zum Besseren und zum Schlechteren. Jesaja sagt über das Wort Gottes: „Es kehrt nicht leer zu mir zurück, sondern bewirkt, was ich will, und erreicht all das, wozu ich es ausgesandt habe" (Jes 55,11). Aber nicht nur das Wort Gottes schafft Realität. Auch das böse Wort bewirkt, was es will. Dazwischen steht der Mensch in seiner Freiheit.

Weil das Wort Wirklichkeit schafft, gehen gesellschaftliche Veränderungen immer mit Veränderung der Sprache einher. Die Worte, die der christlichen Kultur jahrhundertelang zur Unterscheidung zwischen gut und böse dienten, sind anrüchig geworden und können im öffentlichen Diskurs nicht mehr verwendet werden. Wer es tut, wird lächerlich gemacht, als Fundamentalist gebrandmarkt und zum Schweigen gebracht. Es sind vor allem jene Worte, die das Handeln des Menschen mit einem positiven oder negativen Werturteil verbinden und der Kultur so Orientierung geben. Zu den ausgemusterten Worten gehören: Tugend, Jungfräulichkeit, Keuschheit, Reinheit, Sünde, Laster, Unzucht.

Es gibt auch ein neues Wort, das dazu dient, die Sexualität aus der Polarität von Mann und Frau herauszulösen und sie der freien Verfügbarkeit des Individuums anheimzustellen: *gender*. Damit ist das „soziale", beliebig wählbare Geschlecht gemeint, im Gegensatz zu *sex,* was die Geschlechtsdifferenzierung in Mann und Frau bezeichnet. Im Volk ist der Begriff „Gender" kaum bekannt und ist doch die verbale Speerspitze des relativistischen Umsturzes. (Siehe dazu das folgende Kapitel „Die Gender-Revolution".)

Zeichen der Zeit

Wie sieht die Zeit aus, die von Worten geprägt ist, mit denen gut und böse nicht unterschieden werden können?

Jeder sieht, dass unsere Kultur in einer tiefen Krise steckt. Kaum einer, dessen Leben von dieser Krise unberührt wäre. Geburtenschwund, Familienzusammenbruch, Arbeitslosigkeit, extreme Staatsverschuldung, Bildungsverfall, wachsende Kriminalität, Korruption, Menschenhandel, Terrorismus – das alles vor dem Hintergrund von Klimaveränderung und immer häufigeren Naturkatastrophen. Das Neue an unserer Zeit ist, dass nicht eine begrenzte Kultur in den Verfallsprozess geraten ist und von einer aufstrebenden, vitalen Kultur übernommen werden könnte, sondern dass die Probleme global sind. Am Horizont tauchen Machtverschiebungen durch China und den Islam auf, die gewiss keine Lösung der Probleme verheißen.

In welchem Zustand sind die Menschen? Millionen leben in zerbrochenen Familien. Millionen haben keine Arbeit. Millionen sind depressiv, Millionen haben chronische Angstzustände, Millionen sind süchtig – alkoholsüchtig, drogensüchtig, magersüchtig, pornographiesüchtig. Immer mehr Menschen sind immer häufiger krank. Immer mehr Menschen sind kriminell. Millionen Männer gehen zu Prostituierten, und Millionen Frauen werden verschleppt und verkauft, um diesen Männern zur Verfügung zu stehen. Immer mehr Kinder werden sexuell missbraucht. Millionen

Frauen haben ihre eigenen, ungeborenen Kinder getötet. Millionen wollen keine Kinder mehr bekommen.

Und die junge Generation, deren Gott der Spaß geworden ist, weil ihnen niemand etwas von Gott vorgelebt und gesagt hat und eine verantwortungslose Medien- und Konsumindustrie ihnen profitträchtigen Spaß als Lebensinhalt vorgaukelt – wie geht es ihr?

Eine Studie des Robert-Koch-Instituts zur Gesundheit von Kindern und Jugendlichen, veröffentlicht im September 2006, zeigt: 21,3 Prozent der Kinder sind übergewichtig, von den 10–17jährigen sogar 25,5 Prozent. 21,9 Prozent haben Essstörungen, von den Mädchen im Alter von 17 Jahren sogar 30 Prozent. Dies umso mehr, je niedriger der sozioökonomische Status ist. 22 Prozent sind psychisch auffällig. Sie haben Störungen des Sozialverhaltens, Ängste, Depressionen. Ungünstiges Familienleben und niedriger sozioökonomischer Status erhöhen das Risiko um das Vierfache.

Nach einem Gutachten des Instituts der deutschen Wirtschaft in Köln (IW) verfügt fast ein Viertel jedes Schulabgängerjahrgangs nicht über notwendige Qualifikationen für eine erfolgreiche Berufsausbildung.[15]

Viele kommen mit chronischen psychischen Störungen schon in den Kindergarten und die Hauptschule.[16] Es verwundert nicht, dass immer mehr Kinder und Jugendliche den Schulalltag nur mit Psychopharmaka schaffen.[17]

---

[15] *Die Tagespost*, 27. 06. 2006.

[16] 13–17% der Kinder im Vorschulalter weisen ernsthafte Schwierigkeiten auf. *Soziale Kompetenz für Kinder und Familien – die Erlangen-Nürnberger-Studie,* Erlangen 2004.

[17] 45% der 12-17-Jährigen nehmen über längere Zeit Kopfschmerz- und Aufputschmittel. *Die Tagespost,* 29. 09. 2001.

Der Lehrerberuf ist zu einer Dompteursaufgabe geworden. Gelegentlich explodiert das Pulverfass in Gewaltexzessen. Eltern und Lehrer haben keine Autorität mehr, weil sich Jugendliche spätestens ab der Pubertät an Gleichaltrigen orientieren, die ebenso unreif, verloren und manipulierbar sind wie sie selber.[18]

Vielen der Alleingelassenen stehen die Haare zu Berge, sie stecken sich Stöpsel in die Ohren, um ihren Organismus unter rhythmischen Strom zu setzen, und flüchten sich mit Drogen in eine Scheinwelt, aus der sie nach jedem Exzess nur umso härter in der Realität aufschlagen. Das, was sie Musik nennen, hört sich vielfach an wie Flugzeugcrash, und die Texte sind oft ein unverhüllter „highway to hell". Kaum geschlechtsreif, stürzen sie sich in sexuelle Beziehungen, auf die sie im Sexualkundeunterricht in der Schule ab neun Jahren detailliert vorbereitet werden. Sie lernen, dass das einzige Problem mit der Homosexualität darin besteht, dass die Gesellschaft sie noch nicht gänzlich akzeptiert. *Du darfst alles* wird als Freiheit verkauft und ist doch der kürzeste Weg, wie Vernunft und Wille zu Gefangenen der Begierde werden.

Die Medien als „Erzieher"

Jede Gesellschaft ist nur so gut wie ihre Mitglieder, welche Verfassung sie auch haben mag. Deswegen spricht Joseph Ratzinger von den „vorpolitischen moralischen Grundlagen eines freiheitlichen Staates". Diese Grundlagen wurden seit Menschengedenken in der Familie vermittelt: Solidarität, Verzicht, Liebe,

---

[18] Neufeld, Gordon und Maté, Gabor, *Unsere Kinder brauchen uns*, Genius Verlag, 2006. Wichtiges Buch zur „Gleichaltrigen-Orientierung".

Treue, Verlässlichkeit, Pflichterfüllung, Glauben, Bräuche, Tradition. Die Kirche erinnerte alle Generationen in steter Belehrung an das Woher und Wohin des Menschen und an die Gebote, die der halten will, der Gott liebt. Auf diesem Boden konnte Demokratie entstehen. Alexis de Tocqueville beschreibt in seinem philosophischen Reisebericht über Amerika um das Jahr 1830 eindrucksvoll, dass der gelebte Glaube und die Vermittlung in der Erziehung die Voraussetzung der freiheitlichen Demokratie in Amerika sind.[19]

Aber von wem werden die jungen Menschen heute erzogen? Wer ist sich noch sicher, wozu sie erzogen werden sollen? Heute wird die Jugend ganz wesentlich durch die Medien geprägt. Alle Instanzen, die Werte vermitteln wollen, Eltern, Pfarrer, Lehrer, müssen einen oft vergeblichen Kampf gegen den Einfluss der Medien führen. Ein Großteil der Eltern hat diesen Kampf aufgegeben und stellt schon Grundschülern den Fernseher ins Kinderzimmer. Dazu kommen Playstation, Handy, Video und Internet, Kino und Zeitschriften.

Gewalt, Pornographie und Blasphemie in immer krasseren Grenzüberschreitungen sind Teil der Standardprogramme und sind mit wenigen Knopfdrücken jederzeit zugänglich. Wenn wieder ein Jugendlicher Amok gelaufen ist oder die Kriminalstatistik zeigt, dass die Zahl der minderjährigen Sexualstraftäter in den letzten zehn Jahren auf das Doppelte gestiegen ist – also die Zahl der Jugendlichen, die andere Jugendliche vergewaltigen! –, dann legt sich die Stirn von Zeitungskommentatoren vorübergehend in Sorgenfalten. Aber

---

[19] Alexis de Tocqueville, *Über die Demokratie in Amerika*, Erstausgabe Paris 1835 u. 1840.

eine Gesellschaft, die es für böse hält, sich über das Gute zu einigen, ist unfähig, Einhalt zu gebieten.

Wenn Jung und Alt täglich mehrere Stunden Filme sehen, in denen alle Arten von Sünde als normales Leben dargestellt werden, dann wird die entscheidende Instanz der „vorpolitischen Grundlage eines freiheitlichen Staates“ zerstört: das Gewissen. Das Radarsystem für die Lebensreise wird außer Funktion gesetzt.

Das sei Schwarzmalerei? Es gibt doch so viel Gutes! Ja, es gibt viel Gutes. Es gibt intakte Familien, es gibt Millionen Menschen, junge und alte, die gut sein wollen und Gutes tun. Es gibt Millionen Jugendliche, die zu Weltjugendtagen reisen oder in christlichen Gruppen engagiert sind. Werden sie den Mainstream in eine andere Richtung leiten können? Wohin geht der Trend?

Politik: Hilflos

Jedes zweite Wort der Politiker ist *Reform*. Hat irgendjemand den Eindruck, dass die Reformen, mal links herum und mal rechts herum, die Krise lösen werden? Wir halten uns für eine rationale, aufgeklärte Gesellschaft. Schließlich hat der wissenschaftliche Zugang zur Welt den höchsten Bonus in unserer Kultur. Und doch gelangen wir mit der Rationalität nicht an die Wurzel der Probleme, so dass eine Kurskorrektur möglich wäre. Es ist, um nur ein Beispiel zu nennen, erklärungsbedürftig, warum eine Gesellschaft, die vom Geburtenschwund bedroht ist, Abtreibung staatlich subventioniert und Homosexualität propagiert.

Bei den Reformen geht es in erster Linie um die Umverteilung von Geld, vom Bürger zum Staat, vom Arbeitnehmer zum Arbeitgeber, so als wäre die Ursache aller Probleme der Mangel an Geld und seine falsche Verteilung. Aber ist dies wirklich die Ursache? Angenommen, der Staat würde jedem ein komfortables Einkommen garantieren, wäre dann die Krise behoben? Bräuchten wir dann keine Übereinstimmung mehr darüber, was gut ist, und dass das Gute erstrebenswert ist? Wäre es dann überflüssig, Kinder zum Guten zu erziehen?

Dass wir einige Jahrzehnte in unvergleichlichem Wohlstand gelebt haben, in dem die Illusion entstehen konnte, der Staat wäre tatsächlich ein Garant unserer materiellen Existenz, ist mit eine Ursache der Krise. Nur unter dieser materiellen Vorraussetzung konnte die Spaßgesellschaft entstehen. Und alle spüren es: Die Spaßgesellschaft ist zu Ende.

Was wird aus unserer demokratischen Gesellschaft, wenn zur moralischen Not die materielle Not kommt? Wie sollte sie nicht kommen angesichts der oben genannten Probleme! Dass die Sozialsysteme nicht halten können, wenn sie von immer mehr Menschen beansprucht und von immer weniger Menschen finanziert werden müssen, ist Allgemeingut der Talkshows. Wie wird die nächste Generation, aufgewachsen in der Spaßgesellschaft, Not und Chaos bewältigen?

Die Manipulierbarkeit und Verführbarkeit des Menschen ist umso größer, je weniger Bindung er hat. Eine Diktatur braucht atomisierte Individuen. Wer keine Bindungen hat, kann leicht gebunden werden. Wir erleben einen Totalangriff auf alles, was dem Menschen Halt gibt: auf Heimat, auf Familie, auf verbindliche Werte, auf Kirche, auf Gott. Wie wird die nächste Generation mit dem Mehrheitswahlrecht umgehen, wenn die Pflöcke des Guten vom Relativismus ausgerissen wurden?

Als Hitler die Macht übernahm, waren die Familien noch stark und die Kirchen noch voll. In jedem Dorf gab es einen Pfarrer. Die bürgerliche Elite glaubte an humanistische Werte. Über Gott und die Wahrheit wurde immerhin noch gestritten. Und doch, und doch wurden die Nazis 1933 von 43,9 Prozent des Volkes gewählt – umso weniger, je katholischer eine Gegend war. Welches „Menschenmaterial" findet der nächste Führer vor oder – was wahrscheinlicher ist – ein anonymer Moloch Staat, der mit den Mitteln moderner Psychologie und moderner Überwachungstechnik alle und alles seiner Macht und Kontrolle unterwirft.

„Paganistische Revolution"

Die Krise, in der wir leben, ist keine Wirtschaftskrise, sondern eine moralische Krise. Wer selbst darin verstrickt ist, kann und will dies nicht erkennen, vielmehr haben er oder sie ein ureigenstes Interesse daran, dass alle so leben und dass der Maßstab für gut und böse zerbrochen wird. Es scheint, als wäre dies das einträgliche Geschäft fast der gesamten, Zeitgeist produzierenden Intellektuellen- und Künstlerzunft. „Postmodern" nennen sie sich und diffamieren mit stolzer Siegesgewissheit alle, die sich weigern, im Gleichschritt mitzumarschieren, als „Fundamentalisten". Weil Gott für sie gestorben ist, gibt es für sie keine Sünde. Als Summe ihrer moralischen Erkenntnis rufen sie den Menschen zu: „Tu, wozu du Lust hast!" Wie gelegen kommt es da, dass Hirnforscher in Experimenten glauben nachweisen zu können, dass es keinen freien Willen gebe und folglich auch keine Schuld. An der Schwelle des Todes scheint dies ganz anders auszusehen. Eine Sterbegleiterin und Ausbilderin für die Hospizarbeit schreibt in einem persönlichen Brief an die Autorin: „[Die Sterbenden] würden es jetzt, in diesem großen Moment ihres Lebens, nicht mehr zulassen, dass man ihnen ihre Schuld ausredet, Entschuldigungen für ihr Tun findet. Sie lassen sich vielmehr ohne Zögern ein auf mein Versprechen, dass Gott immer nur auf diesen einen Augenblick gewartet hat und sie mit weit geöffneten Armen empfängt."

Jeffrey Satinover, jüdischer Autor und medizinischer Direktor des Temenos Institute in den USA, sieht uns inmitten einer „paganistischen Revolution".[20] „Die Veränderungen in unserer Einstellung zur Sexualität sind nur ein Symptom für viel bedeutsamere Veränderungen auf einer geistlichen Ebene, die alle Bereiche unseres Lebens betreffen [...] Eine Zeitlang sah es so aus, als ob ein materialistisches Weltbild siegen würde." Auf die geistliche Dürre folgte „ein heftiger, neuer Durst nach Spiritualität [...] Der daraus hervorbrechende Zeitgeist ist ein immer schon da gewesener religiöser Geist, der aber dem ethischen Monotheismus des christlichen und orthodox-jüdischen Glaubens diametral entgegensteht [...] Es geht um das Wiederaufleben von Paganismus [Heidentum] und seine Lehre heißt Gnostizismus."

Es war das kleine Volk der Juden, das im Vorderen Orient, inmitten der alten heidnischen Kulturen, den ethischen Monotheismus einführte. Das Alte Testa-

---

[20] Jeffrey Satinover, *Homosexuality and the Politics of Truth,* Grand Rapids 1996. Letztes Kapitel auf Deutsch in Bulletin Nr. 10, Herbst 2005, Nachrichten aus dem Deutschen Institut für Jugend und Gesellschaft. Alle Zitate und die Paraphrasierungen stammen aus diesem Artikel.

ment berichtet von immer neuen Zyklen von Abfall und erneuter Hinwendung zu dem einen Gott. Gott hatte sich den Propheten als der eine und einzige Gott aller Menschen offenbart, der sie auf eine absolute Ethik verpflichtete, die Sünde zu meiden und nach dem Guten, das heißt nach Heiligkeit, zu streben. „Der ethische Monotheismus errichtete eine moralische Ordnung, die bis zur Renaissance vorherrschte." Seitdem wird diese Ordnung von Denkern und Dichtern ausgehöhlt und zerfällt vor unseren Augen.

Satinover nennt sechs Merkmale des Paganismus, die sich in unserer Gesellschaft bereits durchgesetzt haben oder um deren Durchsetzung gekämpft wird:

1. Paganismus ist *polytheistisch*. Jeder hat seinen eigenen Gott und lebt nach dessen Maßstäben.
2. Daraus ergibt sich ein Wertepluralismus. „Kein Gott und deshalb auch kein Wert ist einem anderen Wert überlegen, es sei denn, er wird mit Gewalt durchgesetzt."
3. „Vom Paganismus bestimmte Gesellschaften sind tendenziell *nicht-egalitär* [...] Mit der Zeit wird der Wille zur Macht die einzige Regel. Wer herrscht, bestimmt, was Recht ist. Die Macht bestimmt das Gesetz und tritt an seine Stelle."
4. Vom Paganismus bestimmte Gesellschaften sind *pantheistisch*. „Die Natur ist Teil des Göttlichen und wird deshalb als göttlich angebetet. Es gibt keine wirkliche Unterscheidung zwischen Schöpfer und Geschöpf. Das führt dazu, dass der Mensch nicht nur die Natur ‚draußen' verehrt, sondern auch die eigene Natur ‚drinnen', d. h. seine natürlichen Instinkte wie Hunger, Sexualität,

Aggression oder Lust allgemein. Mit anderen Worten: Der Mensch betet sich selbst an."

5. „Da die natürlichen Neigungen und Instinkte spiritualisiert werden, neigt paganistischer ‚Gottesdienst' von sich aus zum Gewalttätigen, Hedonistischen und Orgiastischen [...] Indem die Instinkte befriedigt werden, wird höchstmögliche Lust und damit auch höchste Ekstase erreicht, Drogenrausch, Tempelprostitution, rituelles Töten der Feinde, Selbstbeschädigung und sogar Kinderopfer."
6. „In all dem zeigt sich: Paganismus ist nicht Gottesdienst, sondern Götzendienst. Der paganistisch gesinnte Mensch nimmt das, was er in seiner menschlichen Natur vorfindet, zum Maßstab für das, was gut ist. Er macht seine eigene menschliche Natur zum Gott, eben zum Abgott. Der Mensch ist das Maß aller Dinge."

Im Gegensatz zu heidnischen Spiritualität und Gesellschaft beten Juden und Christen nur Gott und nur einen einzigen Gott an, sie haben ein einheitliches, absolutes Wertsystem; sie sind egalitär, weil ohne Ansehen von Rang und Namen jeder ein Kind Gottes ist; der Mensch ist eine Einheit von Geist und Leib, der zur Heiligung seiner natürlichen Antriebe, insbesondere der Sexualität, gerufen ist.

Die Lehre des Paganismus ist der *Gnostizismus*. Der Gnostiker glaubt und betreibt die Selbsterlösung durch geheimes Wissen. Er leugnet das historische Ereignis der Inkarnation Gottes. Gut und Böse gelten als gleichwertige Prinzipien, die in einer höheren Einheit verbunden sind. Das führt auf der Ebene des Verhaltens dazu, „Gut und Böse zu relativieren, und verstärkt damit unsere Neigung, das Böse zu wählen. Wir halten das Böse für das Gute, weil es sich oft so gut anfühlt."

„Der Konflikt zwischen jüdisch-christlichem Monotheismus und Paganismus ist weder neu noch einfach nur natürlich: Er ist der uralte, immer wiederkehrende Kampf um die Seele des Menschen." Soweit die Zusammenfassung des Artikels von Satinover.

Die Elemente der heidnischen Weltsicht sind durch die New Age-Bewegung Bestandteil unserer Kultur geworden. Wir begegnen ihnen überall dort, wo es um die Veränderung oder auch nur um die Betreuung bedürftiger Menschen geht: in der Psychotherapie, beim Arzt, beim Heilpraktiker, in Schule und Kindergarten, in Volkshochschulen und der kirchlichen Erwachsenenbildung, in Behinderten- und Altenheimen. Sie stehen in diametralem Gegensatz zum jüdisch-christlichen ethischen Monotheismus, dem wir unsere freiheitliche Kultur verdanken.

Der persönliche Gott der Liebe

Aus dem Taumel dieses postmodernen Rausches versucht Papst Benedikt XVI. die Welt aufzuwecken. Schien es schon so, als sei der Maßstab für Gut und Böse vom Relativismus begraben worden, da wird er plötzlich wieder leuchtend aufgerichtet.

In seiner ersten Enzyklika[21] hat Papst Benedikt XVI. uns den liebenden Gott erneut vor Augen gestellt. Warum wehren wir Menschen uns so sehr dagegen,

---

[21] Papst Benedikt XVI., *DEUS CARITAS EST,* Verlautbarungen des Apostolischen Stuhls Nr. 171.

dass die tiefste Wirklichkeit unseres Universums Liebe ist? Wir dürfen glauben und wir können erfahren, dass dieser liebende Gott uns kennt. „Wer ist der Mensch, dass du an ihn denkst?“, heißt es im Psalm. Die Erde ist im Universum so groß wie ein Sandkorn in der Sahara. Auf dieser Erde sind wir eine Person unter Milliarden. Und doch kann jeder Einzelne in eine lebendige Beziehung mit dem lebendigen Gott treten.

Geliebt zu werden und zu lieben, ist unsere größte Sehnsucht. Wir haben einen Gott, dessen Wesen Liebe ist, der uns lehrt zu lieben und uns die Gnade schenkt, damit wir es können. Wir haben in Papst Benedikt XVI. einen geistlichen Führer, der uns anleitet, diesen Weg der Heiligung mit Christus zu gehen. Wir haben das Wort des fleischgewordenen Wortes, das nicht vergehen wird, auch wenn Himmel und Erde vergehen. Dieses Wort ist gedeckt mit dem Leben und Leiden und Sterben und Auferstehen dessen, der es spricht.

„Wer mich liebt“, sagt Jesus, „hält meine Gebote. Wenn ihr meine Gebote haltet, werdet ihr in meiner Liebe bleiben, so wie ich die Gebote meines Vaters gehalten habe und in seiner Liebe bleibe“ (Joh 15,10).

Die Zehn Gebote überholt?

Das Fundament, auf dem sich die christliche Kultur zu einer unvergleichlichen Höhe entwickeln konnte, sind die Zehn Gebote. Schon ganz am Anfang zerbrach Moses im Zorn über das halsstarrige Volk die Tafeln, auf die sie Gott geschrieben hatte, aber Gott schrieb sie ein zweites Mal darauf. Damals wie heute rebellieren die Menschen dagegen, dass das Gute einen Preis hat, und der heißt: jetzt auf das Kleine zu verzichten, um später das Große zu gewinnen. Wann immer eine Kultur sich diesem Anspruch ganz entzieht und Lustbefriedigung zum Gesetz des Handelns macht, schaufelt sie sich ihr eigenes Grab.

Welche *vernünftigen* Gründe sprechen dagegen, die Zehn Gebote zu halten und sie zur verpflichtenden und erstrebenswerten Grundlage der Erziehung und des Staates zu machen? Ist es nicht ein Verlust an Freiheit, wenn 1. der Mensch sich zum Gott macht, 2. Gott verhöhnt wird, 3. der Sonntag dem Vergnügen und der Wirtschaft geopfert wird, 4. Vater und Mutter angeklagt und vergessen werden, 5. die Ungeborenen getötet werden, 6. die Ehe gebrochen wird, 7. jeder sich nimmt, was er kriegen kann, 8. die Medien Rufmord begehen, 9. Mann und Frau Freiwild der Begierde sind und 10. das Gesetz der Profitmaximierung regiert?

Wie würde es um unsere Gesellschaft, um unser Volk, stehen, wenn 1. Gott als Schöpfer anerkannt würde, wenn ihm 2. die Ehre gegeben würde, wenn 3. ein Tag in der Woche gefeiert würde, dass wir Kinder und Freunde Gottes sind, wenn 4. Vater und Mutter geehrt würden, wenn 5. das Leben von Anfang bis Ende heilig wäre, wenn 6. Eheleute sich treu wären, wenn 7. der Lebensunterhalt mit Rechtschaffenheit verdient würde, wenn 8. die Medien der Wahrheit verpflichtet wären, wenn 9. die Lust Dienerin der Liebe wäre, wenn 10. Gerechtigkeit im Mittelpunkt des Wirtschaftens stünde?

Nicht, weil es *vernünftig* wäre, werden die Zehn Gebote zum alten Eisen geworfen, sondern weil die Vernunft aus sich heraus dem Menschen nicht die Kraft gibt, sie zu halten. Deswegen braucht die Vernunft Gott – und Gott die Vernunft.

Es ist der christliche Glaube, der die wunderbare Kultur hat entstehen lassen, in deren Überresten wir leben, deren Bauwerke wir noch bewundern und der wir Freiheit, Toleranz und Caritas verdanken. Die stete Verkündigung des Glaubens hat die sittlichen Grundlagen geschaffen, auf denen diese Kultur erblühen konnte. Wir verdanken sie den Entscheidungen unserer rechtschaffenen Vorfahren, in ihrem Menschenleben immer und immer wieder das Gute gewählt und das Böse gemieden zu haben.

Jene, die das Christentum zerstören wollen, meiden die Diskussion im Licht der Vernunft. Sie führen die Sünden der Kirche ins Feld, um die Mahnung der Kirche, von den Sünden umzukehren, endlich aus der Welt zu schaffen. Sie wettern gegen die Doppelmoral, weil sie die Moral nicht ertragen. Sie geben sich tolerant und pluralistisch, um den Anruf der Wahrheit endlich zum Schweigen zu bringen.

Unsere Zeit will uns weismachen, es wäre zu schwer, nicht menschengerecht, diese Gebote zu halten. Das gehört zur großen Lüge des Relativismus. Ja, wir verlieren den Kurs und wir korrigieren ihn, wir fallen, wir stehen wieder auf. Aber was ist, wenn wir den Kurs aufgeben und als Einzelner und als Gesellschaft aufhören, das Gute anzustreben und dies auch noch gut nennen? Wir geraten in eine Spirale, die uns immer weiter von Gott entfernt, und laden uns so ein Joch auf, das uns niederdrückt, anstatt die Gebote zu halten, die uns aufrichten. Die Verstrickung zeigt sich in der Unfähigkeit unserer aufgeklärten, angeblich rationalen Gesellschaft zur Korrektur ihres Kurses.

Die Tragik unserer Zeit ist, dass die geballte Macht

der Kultur uns drängt, die Gebote nicht zu halten und die Stimme des Gewissens, das weiß, was recht und gut ist, zu ersticken. Nicht jene, die die Gebote halten und andere lehren, sie zu halten, sind die Zerstörer der Freiheit, sondern jene, die unter dem Deckmantel von Freiheit und Toleranz den Menschen die Orientierung hin zum Guten rauben. Wer seine Vernunft nicht benutzt, um den Willen auf das rechte Ziel zu lenken, sondern von seinen Trieben beherrscht wird, der wird, wenn er eine Führernatur ist, andere seiner Macht unterwerfen.

Es ist nicht wahr, dass der Relativismus Freiheit garantiert. Vielmehr schlägt er dem Menschen den Maßstab für Gut und Böse aus der Hand. So werden sie verfügbar für jene Kräfte, die eine „schöne neue Welt" heraufführen wollen, in der Gott entthront ist und Menschen, denen nichts mehr heilig ist, sich an seine Stelle setzen. Eine Demokratie, die ihr moralisches Fundament zerstört, ist auf dem Weg in die Diktatur.

Der Fels

Unbeugsamer, weltweit hörbarer Widerstand kommt auf dieser Erde von einer einzigen Institution: der katholischen Kirche. Sie erhebt den Anspruch auf die ganze Wahrheit und ruft diese Wahrheit durch den Mund ihres höchsten Repräsentanten über der Erde aus. Für sie ist Wahrheit das fleischgewordene Wort Jesus Christus, der von sich sagt: „Ich bin der Weg, die Wahrheit und das Leben." Sie verfügt über keine Bataillone, sie verkündet das Wort.

In der Mediengesellschaft muss sie gehört werden, nicht in erster Linie, weil über eine Milliarde Menschen Katholiken sind – das allein gibt ihnen keine

Stimme in der veröffentlichten Meinung –, sondern weil Hunderttausende, ja Millionen junger Menschen an einen Ort zusammenströmen, wenn der Papst spricht – oder stirbt. Events dieser Größenordnung lassen sich nicht ignorieren.

Gegen die katholische Kirche tobt der Kampf wie gegen keine andere Institution auf dieser Erde. Die bevorzugte Munition sind die Sünden der Kirche aus der Vergangenheit, Inquisition und Hexenverbrennung. Es ist ein Kampf, der von Einäugigen geführt wird, die nicht bereit sind, mit dem zweiten Auge auf den Strom der Heiligen und Märtyrer zu schauen der ohne je abzureißen, von den Anfängen der Kirche bis in unsere Gegenwart fließt. Die Zahl der Märtyrer im 20. Jahrhundert ist größer als in allen Jahrhunderten zusammen und wird vor unseren Augen vor allem in islamischen Ländern und in China und Nordkorea ständig vermehrt.

Der Papst ist Stellvertreter Christi auf Erden und steht in der Nachfolge Petri. Zu Petrus sagte Jesus: „Du bist Petrus und auf diesen Felsen werde ich meine Kirche bauen, und die Mächte der Unterwelt werden sie nicht überwältigen“ (Mt 16,18).

Gegen diesen Felsen rennen die Feinde des Christentums an, die Feinde Jesu Christi. *Er* ist es, gegen den sich die irrationale Wut der Relativisten richtet, denn er *ist* der Maßstab, den sie zerbrechen wollen.

Nur so wird erklärlich, warum sich die Säkularisten mit den Islamisten verbünden, obwohl sie nichts mehr schrecken müsste als die Perspektive eines islamischen Gottesstaates. Vielleicht haben Menschen, die die Familie abschaffen wollen, nur eine sehr kurze Zukunftsperspektive? Diese selbstmörderische Allianz wird offenbar in der Reaktion auf die Rede Papst Benedikts XVI. in der Universität Regensburg am 12. September 2006. Die islamische Welt reagiert mit Todesdrohung gegen den Papst, Christenverfolgung und Zerstörung von Kirchen, während die westliche Welt über die Notwendigkeit einer Entschuldigung des Papstes debattiert. Sie kann sich nicht erhobenen Hauptes verteidigen, weil sie im Begriff ist, den Schatz zu zerstören, dem sie ihre Kultur verdankt.

In der Bedrängnis dieser Zeit können wir nur eines tun: Uns immer tiefer mit Jesus Christus verbinden, denn wir wissen: Er hat am Kreuz über Satan und in der Auferstehung über den Tod gesiegt, er siegt jetzt in jedem Herzen, das sich für ihn öffnet, und er wird siegen, wenn er wiederkommt. Papst Benedikt ist ein spiritueller Lehrer, der die Menschheit zu Gott zurückführt. „Die Welt braucht Gott. Wir brauchen Gott“, ruft er den Menschen zu und zeigt ihnen, wie sie Gott in Jesus Christus finden können. Jesus Christus setzt absolute Maßstäbe, „und auf diese Maßstäbe kommt alles an: Maßstäbe, die nicht nur Theorien sind, sondern das Herz erleuchten und so den Verstand und das Tun auf den rechten Weg bringen.“[22]

---

[22] Predigt in München auf dem Freigelände der Neuen Messe am 10. 09. 2006.

Alles liegt nackt und bloß vor den Augen dessen, dem wir Rechenschaft schulden.
(Hebr 4,13)

Die Gender Revolution
Relativismus in Aktion

An der Batavia High School in New York entdeckt ein Lehrer, der an dieser Schule seit acht Jahren unterrichtet, im Sommer 2006, dass er das falsche Geschlecht hat. Er unterzieht sich einer medizinischen Behandlung und erscheint in der Schule in Frauenkleidern. Die Eltern werden informiert, dass der alte Lehrer/die neue Lehrerin innerhalb von zwei Wochen als „Mrs." anzureden sei, die weitere Anrede als „Mr." wäre eine unzulässige Diskriminierung. Einige Eltern wollen, dass ihre pubertierenden Kinder in eine andere Klasse versetzt werden. Dies wird nicht gestattet.[23]

Die Schule klärt auf ihrer Homepage[24] darüber auf, dass Gender Identity Disorder (GID) eine Behinderung sei und dass das Menschenrechtsgesetz des Staates New York und der Verhaltenskodex der Schule Diskriminierung aufgrund von Behinderung verbieten. Die Forderung nach Versetzung in eine andere Klasse wird als Diskriminierung gewertet.

---

[23] LifeSiteNews, 09. 09. 2006.

[24] www.bataviacsd.org/highschool.cfm

Was lernen Schüler, deren Lehrer plötzlich als Lehrerin erscheint und dessen Geschlechtsumwandlung sie in ihrem Verhalten anerkennen und mitvollziehen müssen? Sie erleben am Vorbild des Lehrers, dass das Geschlecht willkürlich gewählt werden kann. Wer sich mit sich selbst aus irgendeinem Grund nicht wohl fühlt – keine Seltenheit bei Kindern in der Pubertät –, in dem kann nun die Frage aufkeimen: Habe ich vielleicht das falsche Geschlecht? Die Christen unter den Schülern, die gehört haben: „Gott schuf also den Menschen als sein Abbild; als Abbild Gottes schuf er ihn. Als Mann und Frau schuf er sie“ (Gen 1,27), und die nun lernen und erleben, dass es ein „Menschenrecht“ ist, sein Geschlecht zu ändern, die müssen eine Antwort auf die Frage finden: Ist die Bibel des Menschen Feind?

Das ist die reale Front des uralten Kampfes zwischen zwei unversöhnbaren Positionen. Gibt es eine objektive Realität, aus der sich absolute Maßstäbe für richtig und falsch, gut und böse ableiten lassen, oder existiert die Realität nur im Erkennen des Menschen und kann deswegen nach Belieben konstruiert und dekonstruiert werden? Nach Ansicht der relativistischen Weltanschauung gibt es keine Wahrheit, weil die Wirklichkeit erst durch die subjektive Wahrnehmung entstehe. Die klassische Philosophie hingegen vertritt die Position, dass es absolute Maßstäbe und letzte Prinzipien gebe, woraus auf einen ersten Urheber, auf Gott, geschlossen werden könne. Für den Christen hat die Wahrheit ein Gesicht und einen Namen: Jesus Christus.

Wenn es keine Möglichkeit gibt, Wahrheit zu erkennen und daraus ein Urteil über gut und böse abzuleiten, dann kann es nur zum Werteverfall kommen. Dieser wird zwar allgemein beklagt, aber ebenso allgemein, nämlich von Staat und Medien, vorangetrieben. Es ist offensichtlich, durch alle Indikatoren der empirischen Sozialforschung belegbar und für viele Menschen leidvolles Erleben, dass unsere Kultur in eine tiefe Krise geraten ist. Dass aber die Zerstörung des Wertefundaments die tiefste Ursache ist, dieser Zusammenhang wird systematisch ausgeblendet.

Das wichtigste Schlachtfeld des Relativismus ist die Sexualität. Das sexuelle Verhalten ist bei den Tieren durch den Instinkt gesteuert, der keine Freiheit zulässt und deswegen keine Wertentscheidung fordert. Anders als das Tier hat der Mensch die Wahl, den Sexualtrieb zu beherrschen und der Liebe und dem Leben dienstbar zu machen oder sich von ihm beherrschen zu lassen und im isolierten Streben nach Lustbefriedigung an der Liebe und dem Leben vorbeizugehen.

Jede Kultur hat Normen über den Umgang mit Sexualität und wahrt sie durch Gesetze, Sitten und Gebräuche. Sie sind in einer stabilen Kultur im Herzen der Menschen verankert als nicht hinterfragte Gewissheit, was im Bereich der Sexualität gut und böse ist, und werden unbarmherzig durchgesetzt. Wer abweicht wird stigmatisiert und an den Rand gedrängt. (Noch vor zwei Generationen waren vorehelicher Geschlechtsverkehr, „wilde Ehe“ und uneheliche Kinder Grund zur Ausgrenzung mit schlimmen biografischen Folgen.)

In unserer eigenen Kultur stellen wir fest: Die sozialen und gesetzlichen Normen, welche einst die Sexualität auf die Ehe zwischen Mann und Frau begrenzten, auf Mann und Frau, auf Erwachsene, auf

Nicht-Verwandte, auf einen Raum der Intimität – alle diese Normen sind eingerissen worden. Die „sexuelle Befreiung" führt in eine Freiheit, die keine Verantwortung für die Jugend und die Zukunft kennt. Die Zeichen des kulturellen Niedergangs sind überdeutlich, dennoch reißt die sexuelle Revolution immer noch weitere Grenzen nieder.

Mann und Frau ein soziales Konstrukt?

In unserer Zeit erleben wir den extremsten Auswuchs des Relativismus, der denkbar ist: Es wird geleugnet, was für jeden Menschen ersichtlich und erfahrbar und seit Anbeginn der Menschheit so selbstverständlich ist wie der Wechsel zwischen Tag und Nacht: dass der Mensch in zweierlei Geschlecht existiert, als Mann und als Frau.

Wer mit diesem Denken noch nicht in Berührung gekommen ist, wird es für eine Ausgeburt krankhafter Hybris halten, mit der man sich nicht beschäftigen muss. Aber diese Sicht ist still und leise in den letzten zehn Jahren zur Leitlinie der Politik der UN[25], der EU und nationaler Regierungen geworden und führt eine soziale Revolution herauf, die an den Grundfesten des Menschseins rüttelt.

Die Geschlechtsdifferenzierung in Mann und Frau wird als soziales Konstrukt bezeichnet, nämlich als eine Erfindung des „heterosexuellen Patriarchats". Nicht nur werde dadurch eine Minderheit unterdrückt und

---

[25] Der scheidende Generalsekretär der UN, Kofi Annan, macht „Gender-Gleichheit" zum Mittelpunkt seines Reformvorschlages der UN. Sie soll bei allen UN-Aktivitäten in den Mitgliedstaaten, sowie bei der Budgetierung des Haushalts für Entwicklung in den Mittelpunkt gestellt werden. Quelle: www.c-fam.org, Friday Fax vom 16.11.2006, Nr. 48 Jg. 9.

diskriminiert, sondern ganz generell die Freiheit des Menschen unrechtmäßig eingeschränkt. Es bestehe eine „Zwangsheterosexualität", die überwunden werden müsse, indem der Mensch sein „soziales Geschlecht" unabhängig von seinem „biologischen Geschlecht" selbst bestimmen könne. Der Kampf wird mit dem Kunstbegriff *gender* geführt. *Gender* war ursprünglich ein Ausdruck für die Unterscheidung des grammatikalischen Geschlechts eines Wortes. Auf der Weltbevölkerungskonferenz in Kairo 1994 und auf der Weltfrauenkonferenz in Peking 1995 drückten die Feministinnen den Begriff *gender* als Ersatz für das Wort *sex* manipulativ durch, um die Geschlechtsdifferenzierung von Mann und Frau der Beliebigkeit der subjektiven Entscheidung preiszugeben. Über die Entschließungen der UN und EU ist er zur politischen Strategie in den Einzelstaaten geworden. Jeder soll *wählen* können, ob er Mann oder Frau sein und seine Identität als schwul, lesbisch, bi, trans oder sonst etwas bestimmen möchte, auch schon die Kinder in der Schule.

Bei der Philosophin Judith Butler, der Chefideologin der Gender-Revolution, hört sich das so an:

„Das ‚biologische Geschlecht' ist ein ideales Konstrukt, das mit der Zeit *zwangsweise* materialisiert wird. Es ist nicht eine schlichte Tatsache oder ein statischer Zustand eines Körpers, sondern ein *Prozess*, bei dem regulierende Normen das ‚biologische Geschlecht' materialisieren und diese Materialisierung durch eine *erzwungene* ständige Wiederholung jener Normen erzielen." [Hervorhebungen durch die Autorin][26]

---

[26] Judith Butler, *Gender Trouble*, Deutsch: *Das Unbehagen der Geschlechter*, Suhrkamp Verlag, Frankfurt 1991.

Auf Deutsch: Ich bin nur deswegen Mann oder Frau, weil mir das zwangsweise eingeredet wurde. Seltsamerweise bekommen solche Aussagen dann Gewicht und Wirkkraft, wenn sie in einer philosophischen Kunstsprache bis zur Unkenntlichkeit verhüllt werden.

Die längst nicht mehr diskriminierte, sondern diskriminierende Minderheit der Homo-, Bi-, Transsexuellen ist im Begriff, ihre Werte in einem historisch beispiellosen sozialrevolutionären Prozess der Mehrheit aufzuzwingen. Wie weit dieser Prozess bereits fortgeschritten ist, davon hat die große Mehrheit der Bevölkerung nicht die leiseste Ahnung. Ein Grund dafür dürfte sein, dass es kaum jemand für möglich hält, dass die Machtelite in Politik, Justiz und Medien sich diese „Gender-Perspektive" zueigen gemacht hat. Wer im Familienzusammenhang lebt, was die meisten Menschen noch tun, dem erscheint das so unwahrscheinlich und realitätsfern, als gäbe es eine Partei, die den Wechsel zwischen Tag und Nacht abschaffen wollte.

Die „Gender-Perspektive"[27]

Unter normalen Zeitungslesern findet man kaum jemand, der den Begriff „Gender" kennt, und doch ist er zur Leitlinie der Politik und zum Gegenstand von Studiengängen an fast allen Universitäten geworden. Er dient dazu, die sexuelle Revolution unauffällig und ohne öffentliche Diskussion in die Feinstruktur der

---

[27] Siehe dazu den Artikel von David Lee Mundy, *Die Auflösung von Geschlecht und die Dekonstruktion von Weiblichkeit und Männlichkeit,* in: Bulletin des Deutschen Instituts für Jugend und Gesellschaft, No. 4, Herbst 2002. Dieses halbjährige Bulletin sei jedem empfohlen, der die Diskussion auf wissenschaftlicher Grundlage führen will. www.dijg.de

Gesellschaft hineinzutreiben. Die Bundesregierung hat „Gleichstellungspolitik mittels der politischen Strategie des Gender Mainstreaming 1999 als durchgängiges Leitprinzip und Querschnittsaufgabe" festgelegt. (www.bmbf.de/de/532.php)

Ziel der Gender-Aktivisten ist die „VerUneindeutigung [sic!] von Geschlecht" und eine „fließende Identität". „Transgenders" greifen „die rigide Norm der Zweigeschlechtlichkeit" an.[28] Sie wollen, dass juristisch nicht das biologische, sondern das willkürlich gewählte Geschlecht gilt und in amtliche Dokumente eingetragen wird.

Das Thema der Transsexualität betrifft nur eine winzige Minderheit, ist aber immer Teil der Gender-Propaganda und der offiziellen Dokumente der internationalen Organisationen zum Thema Antidiskriminierung. Der Grund ist: Wenn die Zweigeschlechtlichkeit als ontologische Vorgabe der menschlichen Existenz aufgegeben wird, dann kann *jede* sexuelle Abweichung von der Heterosexualität als normal und erlaubt erklärt werden. Bisher wird explizit genannt schwul, lesbisch, bi, trans, aber der Kampf um Pädophilie und Polygamie ist bereits voll im Gange.

Die Gender-Perspektive erkennt keinerlei wesenhafte oder angeborene Unterschiede zwischen Mann und Frau an. Die Gender-Ideologen ignorieren und unterdrücken die Forschungsergebnisse der Hirnforschung, Medizin und Psychologie, welche die unter-

---

[28] Vgl. Heidel, U. et al., *Jenseits der Geschlechtergrenzen*, Hamburg 2001. Die Aufsätze des Buches gehen auf eine Studienreihe der Universität Hamburg zurück und sind ein Beispiel für die „Gender-Perspektive", wie sie an bundesrepublikanischen Universitäten gelehrt wird.

schiedliche Identität von Mann und Frau in der Gehirnstruktur, im Hormonhaushalt und in der psychologischen Struktur nachweisen.

So militant die Gender-Aktivisten für die Auflösung der heterosexuellen Geschlechtsrolle von Mann und Frau kämpfen, indem sie behaupten, sie sei beliebig veränderbar, so sehr widersetzen sie sich der Veränderbarkeit von Transsexualität, Homosexualität und sonstigen sexuellen Störungen der Geschlechtsidentität. Jahrzehntelang wurde behauptet, Homosexualität sei angeboren. Martin Dannecker, selbst ein Protagonist der Homolobby, den die Bundesregierung mit einem „Sexualwissenschaftlichen Gutachten zur Homosexualität" beauftragte, schreibt darin: „Alle in der Vergangenheit angestellten Versuche, die Homosexualität biologisch zu verankern, müssen als gescheitert bezeichnet werden."[29] Es wird deswegen heute nur noch mit dem Recht auf freie Wahl argumentiert. Aber so frei ist die Wahl offenbar nicht, denn auch Homosexuelle agieren innerhalb der zweigeschlechtlichen Rollenprägung von Mann und Frau und können sich davon nicht lösen: Einer/eine übernimmt die Rolle des Mannes und einer/eine die Rolle der Frau.

Ob jemand Mann oder Frau ist, soll er oder sie selbst definieren, homosexuelle und transsexuelle Neigungen sollen jedoch vom Staat und der Gesellschaft als Identität eines Menschen anerkannt werden. Gender-Ideologen unterdrücken die Information, dass solche Störungen therapierbar sind, und bekämpfen

---

[29] Martin Dannecker, *Sexualwissenschaftliches Gutachten zur Homosexualität,* in: *Die Rechtsstellung gleichgeschlechtlicher Lebensgemeinschaften,* hrsg. von Jürgen Basedow et al, Tübingen 2000, S. 339.

jeden, der dies behauptet oder derartige Therapien anbietet, mit Mobbing, medialem Rufmord und jeder möglichen Diskriminierung.

Daraus wird ersichtlich, dass es den Gender-Aktivisten keineswegs um Freiheit und Toleranz geht, sondern um eine soziale Revolution.

Lee Mundy schreibt: „Die Gender-Perspektive als Weltanschauung missioniert Andersgläubige und verfolgt Ungläubige. Ziel ist es, die Unbedarften aufzuklären, indem man die unterdrückenden Herrschaftsstrukturen aufdeckt und alle in den Kampf gegen das herrschende Hetero-Patriarchat einreiht. Der Angriff ist ontologisch begründet. Der Krieg gegen die Herrschaft der heterosexuellen (männlichen) Unterdrücker ist erklärt. Es geht darum, die Kontrolle über die gesellschaftlichen Institutionen zu erlangen. Es geht um die Macht, bestimmen zu können, was die Wahrheit ist. Die Gender-Perspektive ist besonders in der akademischen Welt erfolgreich. Dadurch hat sie die Macht bekommen, jeden, der gegen ihre Ideologie ist, als homophob oder irrational zu bezeichnen. Dieses Tabu, in der akademischen Welt die Gender-Perspektive nicht kritisieren zu dürfen, wird als ‚progressive Hegemonie' bezeichnet."[30]

Es ist der Frankfurter Allgemeinen Zeitung zu danken, dass sie zwei Artikel von Volker Zastrow veröffentlichte, die Licht auf diese (un)heimliche Revolution werfen.[31] Volker Zastrow beschreibt in *Politische Ge-*

---

[30] Lee Mundy, a.a.O., S. 21.

[31] Volker Zastrow, *Politische Geschlechtsumwandlung*, FAZ, 20. 06. 2006 und *Der kleine Unterschied,* in FAZ, 07. 09. 2006.

schlechtsumwandlung detailliert, wie das „Gender Mainstreaming“ zur Querschnittaufgabe der Politik wurde. Übernommen von der rot/grünen Regierung, wird sie von der CDU-Familienministerin von der Leyen nahtlos weiterbetrieben. Auf der Homepage des Familienministeriums erfährt man, dass der Begriff „Gender“ sowohl „gesellschaftlich als auch sozial und kulturell geprägte Geschlechtsrollen“ bezeichne, die als „veränderbar“ gelten. Alice Schwarzer freut sich, dass „die konservative Familienministerin die rot-grüne Familienpolitik nicht nur fortsetzt, sondern weitertreibt“.

Volker Zastrow: „Zielstrebigkeit auf der einen, Ignoranz auf der anderen Seite konstituieren eine ‚hidden agenda‘. Aber was sind Ziele und Methoden? Das Ziel greift hoch hinaus: Es will nicht weniger als den neuen Menschen schaffen, und zwar durch die Zerstörung der ‚traditionellen Geschlechtsrollen‘.[32] Schon aus diesem Grunde muss das als Zwangsbegriff verneinte ‚Geschlecht‘ durch ‚Gender‘ ersetzt werden. Und möglichst schon in der Krippenerziehung soll mit der geistigen Geschlechtsumwandlung begonnen werden.“

Dies geschieht auf dem Wege des kommunistisch bewährten Kaderprinzips. „Kaderpolitik will von oben nach unten auf allen staatlichen und gesellschaftlichen Ebenen alle Entscheidungen ihren Maximen unterwerfen. Die Institutionen werden von linientreuen Kadern durchdrungen [...] Gender Mainstreaming wird von der Spitze beliebiger Organisationen her als sogenanntes ‚Top-down‘-Prinzip durchgesetzt [...] Agenturen des Gender Mainstreaming schulen etwa Beamte in der An-

---

[32] Siehe auch: *Der neue Mensch*, in: Der Spiegel, 1, 2007.

wendung der Gender-Perspektive. ‚Damit gibt es', wie Dr. Barbara Stiegler von der Friedrich-Ebert-Stiftung erläutert, ‚keine Person in einer Organisation, die sich diesem Prinzip nicht verpflichtet fühlen muss.' Eine solche Organisation ist zum Beispiel die Bundesregierung."[33]

In seinem zweiten Artikel in der FAZ vom 7. 9. 2006 mit dem Titel „Der kleine Unterschied" wirft Zastrow Licht auf das wissenschaftliche Fundament des „Gender Mainstreaming". John Money, Psychiater am Johns-Hopkins-Krankenhaus in Baltimore, gründete in den sechziger Jahren die erste Klinik für operative Geschlechtsumwandlung, die „Gender Identity Clinic" und wurde der einflussreichste wissenschaftliche Wegbereiter der Gender-Theorie. Er gründete seinen Erfolg auf ein Experiment mit eineiigen Zwillingsbrüdern. Einem der beiden, Bruce Reimer, war bei der Beschneidung mit zwei Jahren der Penis so schwer verletzt worden, dass er abfiel. Die Eltern glaubten, das schwere Schicksal ihres Sohnes wenden zu können, indem sie ihn einer operativen Geschlechtsumwandlung unterzogen, ihn ab sofort als Mädchen behandelten und von Dr. Money therapeutisch über mehr als zehn Jahre begleiten ließen.

Der Junge hat von Anfang an dagegen rebelliert und die Behandlungen als Folter empfunden. „Ab dem Alter von elf Jahren – zu der Zeit feierte Money seinen Triumph in ‚Sexual Signatures' – quälte er sich mit Selbstmordgedanken." Als er mit 13 Jahren erfuhr, was mit ihm geschehen war, beschloss er sofort, als Junge zu leben. „Doch ein Gefühl tiefer Scham verließ ihn nie."

---

[33] Zastrow, *Politische Geschlechtsumwandlung*.

Money verwendete das Experiment danach nicht mehr in seinen Veröffentlichungen, korrigierte es aber auch nicht, so dass es als „wissenschaftlicher Beweis" der Gendertheorie weiter benutzt werden konnte. „Bis in die aktuelle, im September 2004 erschienene zweite Auflage der Neuausgabe (2000) ihres in viele Sprachen übersetzten Buches [*Der kleine Unterschied*] präsentiert Alice Schwarzer in keinen Widerspruch duldendem Stil den lebenden Beweis für die Gendertheorie."

Bruce Reimer war zu diesem Zeitpunkt allerdings schon tot. Bereits seit 26 Jahren hatte er unter dem Namen David wieder als Junge und Mann gelebt. Im Frühjahr 2004 erschoss sich David Reimer mit einer Schrotflinte. Die wissenschaftliche Kontrollgruppe des Zwillingsexperiments, sein Bruder Brian, hatte sich im Jahr zuvor mit Tabletten das Leben genommen."[34]

So wie Alfred Kinsey, der mit seinem in Deutschland Anfang der 50er Jahre erschienenen Kinsey-Report die sexuelle Revolution wesentlich verursacht hat, als wissenschaftlicher Betrüger und Kinderschänder entlarvt wurde (siehe dazu die Bücher von Judith Reismann, www.drjudithreismann.org.), so auch Money: Er sprach sich „für Gruppensex und Bisexualität aus, er warb für so genannte ‚fucking games' von Kindern und ordnete auch extreme sexuelle Perversionen bis hin zum Lustmord als bloße ‚Paraphilien' ein, als abweichende Vorlieben." So weit Zastrow in der FAZ.[35]

Wer sich einen Eindruck verschaffen will, wie fest

---

[34] Zastrow, *Der kleine Unterschied.*

[35] Zitate aus Volker Zastrow, *Der kleine Unterschied,* FAZ 07. 09. 2006.

etabliert dieses Denken in den Universitäten und den politischen Institutionen ist, der gehe mit dem Begriff „gender" und „gender studies" im Internet auf die Suche. Gender-Studiengänge gibt es an den meisten Universitäten, zum Teil mit Abschlüssen als Hauptfach. Welchen Einfluss werden diese Studenten auf die Gesellschaft nehmen, wenn sie ihre in der Tat revolutionären „Erkenntnisse" anwenden? „Von dem, was man heute an den Universitäten denkt, hängt ab, was morgen auf den Plätzen und Straßen gelebt wird" – so der Philosoph José Ortega y Gasset.

Die öffentlich sichtbare Front der Gender-Revolution, die ausgehend von der EU und UN auf der ganzen Erde geführt wird, ist der Kampf um die Anerkennung, Gleichstellung, Propagierung von Schwulen (Gay), Lesben, Bisexuellen und Transsexuellen (GLBT). Kein westliches Land, kein Parlament, kein Gericht, keine Universität, keine Kirche, keine Schule, kein heiliger Ort wie Jerusalem, Fatima oder Altötting, in die dieser Kampf nicht hineingetragen wird. Die Gender-Revolution spaltet und schwächt die westliche Zivilisation. Können wir uns das leisten? Haben wir eigentlich keine anderen Probleme?

Die Europäische Union als Vorkämpfer der Gender-Revolution

Nachdem es gelungen ist, den designierten EU-Kommissar Rocco Buttiglione zu stürzen, kennt das Europäische Parlament für seinen Gender-Imperialismus keine Grenzen mehr. Im Januar 2006 verabschiedete es die Entschließung B6-0025/2006 zur Bekämpfung der „Homophobie" unter Berufung auf die „Menschenrechtsverpflichtungen".[36] Darin setzt das Europäische Parlament die Homophobie, nämlich die „Aversion gegen Homosexualität und schwule, lesbische, bisexuelle und transsexuelle (GLBT) Menschen" auf eine Stufe mit „Rassismus, Xenophobie, Antisemitismus".

„Homophobie" äußere sich „im privaten und öffentlichen Bereich" „in Hassreden und dem Aufruf zu Diskriminierung" und werde „mit der religiösen Freiheit verschleiert".

In einer Reihe von EU-Mitgliedstaaten sei es „zu besorgniserregenden Vorfällen" gekommen, wie „dem Verbot von Schwulenparaden oder Gleichberechtigungsmärschen" oder Verfassungsänderungen, „um gleichgeschlechtliche Heiraten oder eheähnliche Verbindungen zu verhindern".

Es seien „sowohl auf EU-Ebene als auch auf der Ebene der Mitgliedstaaten weitere Maßnahmen notwendig", „um die Homophobie auszumerzen unter den Bürgern sowie in einem entsprechenden Rechtsrahmen eine Kultur der Freiheit, Toleranz und Gleichheit zu fördern".

Aus diesen Gründen fordert das Europäische Parlament die Mitgliedstaaten auf,

„1. den Kampf gegen Homophobie entweder durch erzieherische Maßnahmen – wie Informationskampagnen gegen Homophobie in Schulen, Universitäten und den Medien – oder über Rechts und Verwaltungsvorschriften sowie legislative Mittel zu verstärken;
2. sicherzustellen, dass von Homophobie geprägte

[36] Das vollständige Dokument siehe Anhang.

Hassreden oder Anstiftung zu Diskriminierung äußerst effizient geahndet werden;

3. dass Diskriminierung auf der Grundlage der sexuellen Ausrichtung in allen Bereichen verboten wird, und zwar durch Vervollständigung des Antidiskriminierungspakets [...], um so alle Arten der Diskriminierung in allen Bereichen abzudecken;
4. die Bekämpfung der Homophobie bei der Mittelzuweisung für das „Jahr 2007 zu berücksichtigen [...] und diesen Prozess strikt zu überwachen und dem Europäischen Parlament jede Unterlassung eines Mitgliedsstaats, diese Maßnahmen durchzuführen, zu melden;
5. jede weitere Maßnahme zu ergreifen, die von ihnen als für den Kampf gegen Homophobie und Diskriminierung auf Grund der sexuellen Ausrichtung geeignet angesehen wird und zum Ziel hat, den Grundsatz der Gleichheit in ihren Gesellschafts- und Rechtsordnungen zu verwirklichen."

Und was, verehrte Abgeordnete, ist, wenn man die „Homophobie" nicht *„ausmerzen"* kann, weil es Christen und Muslime und Juden und Vernünftige gibt, die sich dagegen wehren, dass ihre Kinder in den Schulen zwangsweise zur Gender-Theorie und -Praxis bekehrt werden? Wie wird die „äußerst effiziente Ahndung" ihres Vergehens aussehen?

Umsetzung in Curricula

Ein Lehrstück der Gender-Revolution ist die Politik des Berliner Senats in Sachen Religionsunterricht. Seit 2005 ist in Berliner Hauptschulen der Ethikunterricht verpflichtend und darf nicht zugunsten von Religionsunterricht abgewählt werden. Bürgermeister Wowereit, bekennender Schwuler und Homoaktivist, hat sich für diesen Berliner Sonderweg auf dem SPD-Parteitag 2005 leidenschaftlich ins Zeug gelegt. Warum wohl? „Werte für alle“ heißt die Devise. Aber welche Werte? Keine Frage: Worum es geht, ist Gleichschaltung im Sinne der oben zitierten EU-Entschließung.

Der damalige Bundestagspräsident Wolfgang Thierse warnte: „Unsere Verfassung verbietet, dass sich der Staat eine Wertebevormundung anmaßt.“ Aber das stört die Regierenden von Berlin so wenig wie die Tatsache, dass 72 Prozent der Berliner für die Möglichkeit der Abwahl des Ethikunterrichts sind, wie eine Emnid-Umfrage im Sommer 2006 ergab.

Währenddessen konnte die Islamische Föderation in Berlin den islamischen Religionsunterricht im Schuljahr 2004/05 auf insgesamt 37 Schulen ausweiten. Die Schülerzahl, die daran teilnimmt, steigt stetig an. An den Universitäten Münster und Erlangen werden Lehrer für den muslimischen Religionsunterricht ausgebildet.

Eltern, die beim Berliner Verwaltungsgericht auf die Befreiung ihrer Tochter vom Ethikunterricht klagten, wurden abgewiesen. Es gibt viele gleichartige Entscheidungen von deutschen Gerichten, etwa gegen Eltern, die ihre Kinder aus dem Sexualkundeunterricht befreien wollten. In manchen Begründungen heißt es, es müsse die Bildung von „Parallelgesellschaften“ verhindert werden. Das heißt im Klartext, es muss verhindert werden, dass Christen nach ihren Grundsätzen leben und ihre Kinder nach diesen Grundsätzen erziehen können. Warum eigentlich? Wem schaden Christen, wenn sie ihre Kinder etwa gar lehren würden, jungfräulich in die Ehe zu gehen?

Was in Berlin geschieht, ist ein Beispiel für eine weltweite Einschränkung demokratischer Freiheitsrechte von Christen.

Diskriminierung von Christen weltweit

Täglich berichten aufmerksame christliche Nachrichtenagenturen über die Diskriminierung von Christen in „christlichen" Ländern im Zuge der Gender-Revolution. Hier ein paar wenige Beispiele aus dem Sommer 2006:

- In Spanien wurde der Religionsunterricht vom Pflichtfach zum Wahlfach heruntergestuft. Dafür wird „Bürgererziehung" als versetzungsrelevantes Pflichtfach eingeführt. Darin sollen unterschiedliche Familienmodelle als gleichwertig dargestellt werden. (*Die Tagespost*, 22.07.2006)
- In der kanadischen Provinz British Columbia wurden zwei Homo-Aktivisten beauftragt, die Curricula vom Kindergarten bis zur 12. Klasse auf Gender zu trimmen. Befreiung vom Unterricht soll unmöglich sein. (LifeSiteNews, 08.09.06)
- In einer britischen Schule wurde einem Mädchen verboten, einen so genannten Keuschheitsring zu tragen, der darauf hinweist, dass sie bis zur Ehe enthaltsam leben wolle. (kath.net, 22.06.06)
- Eine Geldstrafe in Höhe eines halben Monatsgehalts muss der Historiker David Mullan an einer kanadischen Universität zahlen, weil er Homosexualität in einem Brief an einen anglikanischen Bischof als „unnatürlich" bezeichnet hatte. (kath.net 01.08.06)

- An der berühmten jesuitischen Georgetown University in Washington wurden konservative christliche Organisationen ohne Begründung vom Campus ausgeschlossen. (LSN 06.09.06)
- Die englische *Gay Police Association* (Verein schwuler Polizisten) veröffentlichte in der Zeitung *Independent* eine Anzeige. Darauf war eine Bibel neben einer Blutlache zu sehen unter der Überschrift: „Im Namen des Vaters". Obwohl 50 000 Beschwerden eingingen, weigerte sich die Staatanwaltschaft, gegen die Diskriminierung von Christen vorzugehen. (LSN, 26.09.2006)
- Der Gouverneur von Kalifornien, Arnold Schwarzenegger, unterzeichnete 2006 ein Gesetz, nachdem nur noch jene Schulen und sonstigen Institutionen staatliche Unterstützung bekommen, die sich für Homosexualität einsetzen. (LSN, 30.08.06)
- In Deutschland werden Eltern, die ihre Kinder zu Hause unterrichten, zu Gefängnishaft verurteilt. Im September 2006 drangen Polizisten in die Wohnung der Familie Plett ein und inhaftierten die Mutter. Der Vater floh mit den Kindern nach Österreich. (LSN 14.09.2006)
- Mehrere deutsche Eltern legten beim Europäischen Gerichtshof für Menschenrechte Beschwerde gegen den staatlichen Schulzwang ein, weil die christliche Erziehung insbesondere durch den Sexualkundeunterricht gefährdet werde. Ihre Klage wurde im September 2006 abgewiesen.[37]

---

[37] Urteilstext unter: www.alliancealert.org/2006/20060926.pdf

An den wenigen Beispielen ist zu erkennen, dass es den Gender-Revolutionären keineswegs nur darum geht, die. Diskriminierung von sexuell abweichendem Verhalten aufzuheben. Das ist geschehen, ohne im Geringsten zu einer Befriedung der Bewegung zu führen. Bedenkt man, dass vor wenigen Jahrzehnten Homosexualität noch strafbar war, so sind die Erfolge staunenerregend: Homoparaden in den Großstädten, gesetzliche Gleichstellung homosexueller Partnerschaften mit der Ehe, Adoptionsrecht für homosexuelle Paare, Homosexuelle in höchsten politischen Ämtern, öffentliches Auftreten von Politikern mit ihrem gleichgeschlechtlichen Partner, immer häufigere positive Darstellung von Homosexualität in den Medien und in der Werbung, Präsentation jeder sexuellen Orientierung als Freiheitsoption in den Curricula der Schulen, Werbung für den homosexuellen Lebensstil an den Schulen durch Homosexuelle. Sofern einzelne Punkte noch nicht verwirklicht sind, wird darum gekämpft – mit höchster Autorisierung durch das Europäische Parlament.

Wer in einigermaßen normalen Verhältnissen lebt, der mag dies alles für Einzelfälle halten, die ihn und seine Kinder nicht tangieren. Betrachtet man das Tempo immer neuer Grenzüberschreitungen im sexuellen Bereich und den überaus erfolgreichen Kampf um deren globale Durchsetzung als „Menschenrecht" in den Gesetzen und den Curricula der Bildungsinstitutionen aller Altersstufen, so sind dies Anzeichen eines globalen Angriffs auf die soziale Ordnung des Menschengeschlechts, die zu allen Zeiten, in allen Kulturen und in allen Religionen auf der Differenzierung von Mann und Frau und deren Vereinigung im sexuellen Akt zum Zwecke der Fortpflanzung beruhte.

Der Kampf der schwulen, lesbischen, bisexuellen und transsexuellen Minderheit, deren Identität sich an sexuelle Verhaltensweisen knüpft, die in keiner lebensfähigen Kultur und in keiner Religion gutgeheißen und der nächsten Generation als Lebensentwurf angeboten wurden, ist ein imperialistischer Siegeszug ohnegleichen.

Ins Werk gesetzt wurde die sexuelle Revolution von der 68er Generation, welche die Ehe als sozialen Raum der Sexualität aufsprengte und Promiskuität, Sexulalisierung der Kinder, Abtreibung und Homosexualität auf ihre Fahnen schrieb. Das änderte sich ab 1973 mit der Entscheidung der American Psychiatric Association (APA), Homosexualität aus der Diagnoseliste der psychischen Erkrankungen zu streichen. Die APA beugte sich dem Druck der aggressiv operierenden Homosexuellenverbände, die innerhalb der APA ihre Aktivisten hatten. *Es war eine politische Entscheidung, keine wissenschaftliche!* Nun war die Operationsbasis geschaffen, um einen Krieg zu führen, der das Wertefundament unserer Kultur zerstört.

Strategie und Taktik

(Es handelt sich bei der folgenden Aufzählung nicht um eine Chronologie des Vorgehens, sondern um Schritte, die ineinander greifen und sich wechselseitig verstärken.)

- Allgemeine Sexualisierung der Bevölkerung, insbesondere der Jugend
- Desensibilisierung der Öffentlichkeit durch positive Darstellung von Homosexualität in den Medien, insbesondere durch das Bild in Werbung und Film

- Lobbyarbeit und Networking zur Durchsetzung gesetzlicher Änderungen
- Propagandafeldzug mit den Begriffen Freiheit, Toleranz, Antidiskriminierung, Menschenrechte zur Legalisierung jeder sexuellen Abweichung von der Heterosexualität
- Unterdrückung wissenschaftlicher Fakten und Ideologisierung der Wissenschaft[38]
- Organisation von Homoparaden in Großstädten, besonders an Orten die Christen heilig sind
- Gesetzliche Gleichstellung der homosexuellen Lebenspartnerschaft mit der Ehe
- Kampf um das Recht auf Kinderadoption Antidiskriminierungsgesetz: Weiterer rechtlicher Ausbau von Sonderrechten für Homosexuelle
- Veränderung der Lehrerbildung und der Curricula
- Stigmatisierung von Gegnern als „Heterosexisten" und „Homophobe"
- Ausschaltung des Widerstandes durch Mobbing und Rufmord in den Medien
- Aggressive Aktionen gegen Homogegner: Störung von Veranstaltungen, Hatemails
- Totalitäre Durchsetzung in den Curricula der Bildungsinstitutionen
- Bindung staatlicher Mittelvergabe an Gender-Gleichschaltung

[38] 35 In dem Buch *Destructive Trends in Mental Health*, New York 2005, analysieren Rogers H. Wright und Nicholas A. Cummings die Ideologisierung der Wissenschaft der Psychologie. Sie sind beide führende Mitglieder der American Psychological Association mit liberalen Einstellungen und zeigen die Preisgabe der Wahrheitsverpflichtung der Wissenschaft auf.

Die Medien, die eigentlich in der Demokratie eine Wächterfunktion haben sollten, sind Wegbereiter, Vorkämpfer und Vollstrecker dieser Revolution. Sie können die soziale Existenz eines Menschen ungestraft vernichten, der es wagt, sich zu widersetzen. Wegen Rufmord ist noch niemand ins Gefängnis gekommen. Wer mediales Mobbing betreibt, muss nicht fürchten, seinen Arbeitsplatz zu verlieren, er muss es aber durchaus fürchten, wenn er der GLBT-Bewegung die Stirn bietet.

Widerstand?

Vereinzelt gibt es noch Widerstand, etwa von Litauen, das sich dem Druck der EU noch widersetzt, oder Ghana, das sich dem Druck der UN noch nicht gebeugt hat.

Die Regierung von Ghana verbot am 5. September 2006 eine Homosexuellen-Konferenz mit der Begründung, dies würde die Kultur und Moral des Landes untergraben und zur Homosexualität ermutigen.

„Die Ghanesen sind ein einzigartiges Volk, dessen Kultur, Moral und Tradition homosexuelle und lesbische Praktiken verabscheuen und jede andere Form unnatürlicher sexueller Akte“, sagte Informationsminister Kwamena Bartels. (LSN, 05.09.06)

In fast allen westlichen Ländern vollzieht sich die Gender-Revolution ohne Kulturkampf, auch in Deutschland. Während es in Lebensrechtsfragen eine, wenn auch kleine, aber doch unüberhörbare Widerstandsbewegung gibt und in Bioethikfragen immerhin eine öffentliche Debatte, so ist dies bei der Gender-Revolution nicht der Fall.

Die Kirchen wären dazu berufen und verpflichtet,

die Gläubigen aufzuklären, was auf dem Spiel steht für den Einzelnen, für die Zukunft der Gesellschaft, für die Zukunft des Christentums, und Widerstand zu leisten. Gelegentlich gibt es eine bischöfliche Verlautbarung, aber es wird über das Thema Sexualmoral auch in der katholischen Kirche kaum mehr gepredigt, geschweige denn die Jugend zu einem Leben der Reinheit angeleitet.[39]

In alle Kirchen ist der Keil der Spaltung über die Frage der Akzeptanz der Homosexualität (GLBT) hineingetrieben. Die evangelische und anglikanische Kirche droht daran zu zerbrechen. Selbst *The United Synagogue of Conservative Judaism* will Homosexuelle zum Rabbi weihen und nimmt dafür die Spaltung ihrer Gläubigen in Kauf.

Wer standhält, ist das Lehramt der katholischen Kirche. Dafür wird es von den Medien gegeißelt. Die katholische Kirche ist der Erzfeind der Gender-Revolutionäre mit all ihren Vorkämpfern, Nutznießern und Mitläufern. Immer wieder versuchen die Gender-Aktivisten innerhalb der UN, den Vatikan aus der UN auszuschließen, um diese Stimme zum Schweigen zu bringen. Es ist ihnen bisher nicht gelungen.

Gleichzeitig kämpfen die International Lesbian and Gay Association (ILGA mit den zugehörigen dänischen und deutschen Organisationen) seit Jahren um die offizielle Anerkennung als Non-Governmental Organization (NGO) in der UN. Der Status wurde ihnen 1994 aberkannt und auch im Jahr 2006 wieder nicht gewährt, weil sie sich nicht von pädophilen Gruppen trennen

---

[39] Zur Ursache dieser Entwicklung siehe im Anhang die *Resolution zur Königsteiner Erklärung*

wollen. Das zeigt unmissverständlich, dass Pädophilie, also Sex Erwachsener mit Kindern, nur deswegen noch nicht offen propagiert wird, weil diese kriminelle Perversion *noch* verboten ist.

Der Vertreter des Heiligen Stuhls kommentierte den Vorgang so: „Was ILGA und seine Befürworter fordern, sind nicht gleiche Rechte, sondern Sonderrechte; Sonderrechte, die anderen Spielraum geben, moralische Unterscheidungen bei der Wahl des Verhaltens zu unterdrücken, die von größter Bedeutung für die internationale Gemeinschaft und die internationale Ordnung sind. Schwulenrechte und die Forderung nach Sonderrechten zwingen allen Völkern eine bestimmte Sicht sexueller Moral – den sexuellen Relativismus – auf und setzen diese dann in Gruppen durch, die ganz andere Überzeugungen und Gesetze haben." (LSN, 04.08.06)

Warum gibt es fast keinen Widerstand? Drei Gründe lassen sich dafür nennen:

1. Der Glaube, dass man die Freiheit habe, nach den eigenen moralischen Maßstäben zu leben, nach dem Motto: „Sollen die anderen doch machen, was sie wollen. Mich zwingt ja niemand dazu, schwul zu werden."
2. Man lebt selbst in ungeordneten sexuellen Beziehungen. Die jungen Eltern heute sind die Kinder der 68er-Generation, welche die sexuelle Revolution ins Werk gesetzt hat. Die pornographische Flut dringt über Fernsehen und Internet in jedes Wohnzimmer (und die meisten Kinderzimmer). Wer Pornographie konsumiert oder in heterosexueller Promiskuität lebt, ist Mitläufer der sexuellen Revolution und hat keine Motivati-

on, gegen andere Formen sexueller Grenzüberschreitungen Widerstand zu leisten.

3. Angst. Die Schweigespirale funktioniert – ein alarmierendes Zeichen in einer Demokratie! Schweigen ist die Stille vor dem Sturm der Diktatur. Prof. Noelle-Neumann beschreibt den Vorgang so: „Menschen haben Isolationsfurcht! Jeder weiß, wie schön es ist, auf der richtigen Seite zu sein. Etwas ganz anderes ist es dagegen, ausgegrenzt zu werden. Ausgrenzung ist eine fürchterliche Erfahrung des Menschen. Seine soziale Natur leidet so sehr darunter, dass er mit einer unglaublichen Wachsamkeit aufpasst: Wie denken die anderen Menschen? Und wenn er sieht, sie denken anders, dann wird er schweigen. Wenn er glaubt, dass er sich durch seine Ansichten isolieren wird, dann wird er schweigsam ... Bis die einen unsichtbar geworden und die anderen ganz oben angesiedelt sind, wo sie ständig das Wort führen. Es gibt diesen Vorgang in jeder Gruppe. Er hat nicht mit Wahrheit, sondern mit Herrschaft zu tun.“[40]

Eltern, die ihre Kinder christlich erziehen wollen, trauen sich auf Elternabenden nicht mehr, den Mund aufzumachen. Wenn selbst Religionspädagogen, Caritas-Vertreter, Donum-Vitae-Referenten für die Gender-Indoktrination eintreten, wie sollen sie es da wagen, zu widersprechen? Sie wollen selbst nicht zu Außenseitern werden und sie glauben, ihren Kindern einen Dienst zu tun, wenn sie sie nicht zu Außenseitern machen. Zu Hause – so wähnen sie, solange die Kin-

[40] Literaturverzeichnis von E. Noelle-Neumann zur Schweigespirale auf: www.schweigespirale.net

der noch klein sind – sitzen sie am längeren Hebel. Oft erwachen sie erst dann schmerzhaft aus dieser Illusion, wenn es zu spät ist.

Eltern, die die Gerichte bemühen, um ihr Kind vom Sexualkundeunterricht befreien zu lassen, weil dort ihre moralischen Werte angegriffen werden, hoffen vergeblich darauf, dass die Justiz ihnen hilft, ihre verfassungsrechtlich garantierte Erziehungsverantwortung (GG Art. 6,2) auszuüben. Sie pflegen diese Prozesse zu verlieren.

Noch ein Schritt weiter und es könnte so kommen: An einem Elternabend wehrt sich ein Vater gegen das Auftreten homosexueller Paare im Schulunterricht der dritten Klasse, die dort für den homosexuellen Lebensstil werben und entsprechendes Unterrichtsmaterial verteilen. (Geschieht in Münchener Schulen.) Sein Kind wird befragt und sagt: „Ich mag keine Schwulen. Mein Papa sagt, das ist Sünde." Der Vater wird wegen Homophobie angeklagt und zur Bewährungsstrafe verurteilt. Ihm wird auferlegt, die Menschenrechte zu achten und seine Kinder entsprechend zu erziehen. Kurz darauf schlägt der zwölfjährige Sohn einem vierzehnjährigen Schwulen mit der Faust ins Gesicht, weil er von ihm begrabscht und beleidigt wurde. Der Vater wird wieder vorgeladen. Er bekennt sich dazu, seine Kinder nach christlichen Werten zu erziehen. „Also stacheln sie ihre Kinder zur Homophobie auf!" Gefängnisstrafe. Kinder kommen ins Heim.

Seien wir uns klar: Der konzertierte Angriff von internationalen Organisationen, Staat, Bildungsinstitutionen, Justiz und Medien richtet sich auf die junge Generation. Die Älteren kann man zwar äußerlich zum Stillschweigen bringen, aber man kann ihr inneres Empfinden nicht austilgen, dass Mann und Frau füreinander geschaffen sind, sich ergänzen und zur Elternschaft berufen sind. Die gesamte Menschheitsgeschichte verleiht dieser Sicht Autorität. Die Hoffnung und Absicht der Gender-Aktivisten ist es, das Empfinden der Kinder umzuprogrammieren, wenn man sie nur vom Kindergarten an entsprechend indoktriniert. Es wird nicht gelingen, sie massenhaft der Heterosexualität zu entfremden, aber es kann gelingen, die Haltung der jungen Generation zur Sexualität so zu verändern, dass der Weg zur ehelichen Liebe und damit zur Familie mit Kindern verbaut wird.

Woher die Dynamik?

Menschen, die entdecken, dass sie mit ihrer geschlechtlichen Identität Probleme haben und von der normalen heterosexuellen Anziehung abweichen, leiden. Ihre sexuellen Wünsche entsprechen nicht dem *intelligent design* ihres Körpers. Jene, die in einem therapeutischen Prozess an die Wurzeln dieser Probleme gelangen, stoßen auf Defizite und tiefgreifende Entbehrungen und Verletzungen durch den gleichgeschlechtlichen Elternteil, manchmal auf Missbrauch und Verführung. Oft wurden sie für deren egoistische Bedürfnisse benutzt oder allein gelassen. Wenn sie die seelische Not mit praktizierter Homosexualität kompensieren, gehen sie zunächst durch eine neue Leidensphase, weil sie in einen Gewissenskonflikt kommen, sich ihrer eigenen Familie entfremden, in der Gesellschaft zum Außenseiter werden und deswegen ihr abweichendes sexuelles Verhalten verbergen. Dieses Leiden wird geringer, wenn sie sich in der homosexuellen (GLBT) Szene integrieren, wo sie nicht nur keine Außenseiter mehr sind, sondern in ein geistiges Feld eintreten, in dem es keinen Widerspruch gibt und geben darf zur herrschenden Ideologie. Diese besagt, es sei vollkommen normal, ja ein Menschenrecht, sein Geschlecht und seine sexuelle Orientierung frei zu wählen, und der Leidensdruck habe nur darin seine Ursache, dass die rückständige, „homophobe“ Gesellschaft dies noch nicht akzeptiert habe. Alle Energie dafür einzusetzen, dass sie das tut, das qualvolle Versteckspiel durch Paraden auf den Hauptstraßen der Städte hinter sich zu lassen und von Sieg zu Sieg fortzuschreiten – das verdrängt das Leiden, dafür lohnt es sich zu leben.

Die Innenseite sieht allerdings ganz anders aus. Das ursprüngliche Leiden im Beziehungsgeflecht der Herkunftsfamilie wird völlig verdrängt und kann so nie geheilt werden. Die Beziehungen zur Herkunftsfamilie sind meist gestört, was eine Grundeinsamkeit schafft. Dies liegt nicht daran, dass die Eltern „homophob“ sind, sondern dass Homosexualität naturgemäß familienfeindlich ist. Die homosexuelle Option eines Familienmitgliedes bedeutet eine schwere Belastung für die familiären Beziehungen. Es gibt keinen Vater und keine Mutter, die sich freuen, wenn ihr Kind homosexuell wird und ihnen vielleicht eines Tages Hans als Schwiegertochter oder Uschi als Schwiegersohn vorstellt. Entschließt sich ein Einzelkind zur Homosexualität, so bedeutet dies das Ende der Familie. Welche Familie ist stolz auf ihre homosexuellen Mitglieder? Wie wird man ihrer gedenken?

Ein Mann, der zwanzig Jahre lang in der „Szene“

gelebt hat, selbst von Tabubruch zu Tabubruch stürzte, bis er kurz vor dem Selbstmord stand – die Pillen lagen schon auf seiner Hand –, dann zu Jesus Christus flehte und die Kraft bekam, umzukehren, dieser Mann sagte zu mir: „Wenn es eine Pille gäbe, um von der Homosexualität frei zu werden – jeder würde sie nehmen."

Zwanzig Jahre lang hat man ihm eingeredet: einmal homosexuell – immer homosexuell. Nie hat er von therapeutischen Hilfen erfahren, die es für Menschen gibt, die die Homosexualität als qualvoll empfinden und aussteigen wollen. Mit Wehmut sprach er von Freunden, die schon tot seien. Er habe Glück gehabt, dass er noch lebe. Deswegen hat er jetzt das „Ex-Gay-Ministry"[41] gegründet als Angebot für Umkehrwillige.[42]

Cui bono?

Im römischen Gerichtsverfahren wurde gefragt: Wem nützt es? Fragen wir angesichts des Kulturbruchs, in dem wir uns befinden: Wem nützt die Gender-Revolution? Den Betroffenen? Den Jugendlichen? Der Gesellschaft? Führt sie zu einer lebensfähigen Zukunft?

Nützt die Gender-Revolution den Betroffenen?

Gewiss ist es ein Gewinn, wenn Menschen mit abweichendem Sexualverhalten nicht mehr ins Gefängnis kommen und nicht diskriminiert werden. Wie jemand seine Sexualität lebt, geht den Staat nichts an. Wenn a-

---

[41] www.freewebs.com/jason-online

[42] Hilfen bieten an: Deutsches Institut für Jugend und Gesellschaft, Wüstenstrom, Narth und andere.

ber mit allen Mitteln der staatlichen Gestaltungsmacht ein ideologischer Teppich übers Land gelegt wird, der die Konsequenzen der homosexuellen Option der öffentlichen Wahrnehmung entzieht, dann schränkt das die Freiheit der Betroffenen objektiv ein.

Wenn sich Sexualität von der Liebe trennt und sich zur Lustbefriedigung verselbstständigt, dann *benutzt* ein Mensch den anderen und entwürdigt ihn. Ein Abgrund öffnet sich zwischen den Herzen, über den die körperliche Befriedigung keine Brücke schlagen kann. Deswegen die Suche, die zur Sucht wird und immer neue Grenzen Überschreitet. Nichts entwürdigt den Menschen so sehr wie der Missbrauch als Sexualobjekt. Sein Bettgeselle ist der Ekel, wo es doch Seligkeit sein könnte. Die Ergebnisse wissenschaftlicher empirischer Studien über die Ursachen, die Wirklichkeit und die Folgen praktizierter Homosexualität sind durchweg abschreckend.[43]

- 72,0 Prozent der Neuerkrankungen mit AIDS zwischen 2003 und 2004 sind Männer, die sich homo- oder bisexuell verhalten. (Robert Koch Institut). Jeder vierte Mann mit homosexuellen Kontakten infiziert sich wahrscheinlich mit AIDS. (Zürich Men's Study)
- Homosexuell lebende Männer haben in ihrem Leben durchschnittlich mehrere Hundert Sexualpartner.
- Angstneurosen, schwere Depressionen, Alkohol- und Drogenmissbrauch sind bei homosexuell lebenden Männern deutlich höher.

---

[43] Verweise auf die wissenschaftlichen Studien unter www.dijg.de

- Häusliche Gewalt ist bei homosexuellen Partnerschaften von Männern und Frauen ein Vielfaches höher als bei heterosexuell verheirateten Paaren
- Die Suizidneigung, insbesondere bei homosexuell lebenden Jugendlichen, ist erheblich höher als bei Jugendlichen im Durchschnitt.
- Die Lebenserwartung ist bei homo- und bisexuell lebenden Männern acht bis zwanzig Jahre niedriger als im Durchschnitt.

Diese eindeutigen Ergebnisse schrecken niemanden ab, denn sie werden systematisch unterdrückt. Es ist eine Verletzung der Freiheitsrechte des Betroffenen, wenn er nichts vom Risiko seines Lebensstils und nichts von therapeutischen Hilfen erfährt.

Nützt die Gender-Revolution den Jugendlichen?

Angesichts dieser Ergebnisse ist es ein Vergehen an der nächsten Generation, ihr über die offiziellen Curricula der Schulen Homosexualität, Bisexualität, Transsexualität als positive Option anzubieten. Viele Jugendliche gehen in der Pubertät durch eine Phase der Unsicherheit über ihre sexuellen Gefühle. Was sie dann brauchen, ist eine Stärkung ihrer geschlechtlichen Identität, keine Hinführung zur Homosexualität. Untersuchungen zeigen bereits – wie zu erwarten – einen beträchtlichen Anstieg homosexueller Praktiken unter Jugendlichen.[44]
Homo- und bisexuell lebende Jugendliche haben eine

---

[44] Amy C. Butler, *Trends in Same-Gender Sexual Partnering*, 1988–1998, in: Journal of Sex Research 37/2000, S. 333–43.

deutlich höhere Suizidrate. Die Behauptung, dies liege an der negativen Einstellung der Gesellschaft zur Homosexualität, ist nicht haltbar. Die Studien von Garofalo[45] und Remafedi[46] zeigen, dass die höhere Suizidrate dieser Jugendlichen mit zahlreichen anderen Problemverhaltensweisen einhergeht wie Drogen- und Alkoholmissbrauch, frühe sexuelle Beziehungen, sexuellem Missbrauch. All diese Probleme haben Ursachen, die ganz und gar nicht durch homosexuellen Sex behoben werden.

Wenn Kinder in einer Gesellschaft, in der sie das traditionelle Familienmodell als brüchig erfahren, von der gesamten Kultur die Botschaft bekommen: Es ist völlig in Ordnung, wenn du homosexuell bist, und sie selbst in der Kirche keinen Widerspruch mehr dazu hören, dann sind sie Verführungen schutzlos ausgeliefert. Jederzeit kann der oder die Jugendliche in eine Situation wie diese geraten:

- In einem Zustand von Bedürftigkeit wird er/sie von einem Gleichaltrigen oder Älteren zu homosexuellen Handlungen verführt.
- Er/sie beginnt zu glauben, homosexuell geboren zu sein.
- Alleingelassen und neugierig entdeckt er/sie homosexuelle Pornographie im Internet, wird sexuell erregt und hält sich für homosexuell.
- In der Pubertät wendet er/sie sich vom christlichen Glauben ab, weil er/sie „gelernt" hat, die Botschaft der Bibel über Homosexualität verlet-

[45] Garofalo R. et al., *Youth Risk Behavious Survey*, in:Pediatrics Vol 101, 1968.

[46] Remafedi, G. et al., *Risk Factors for Attempted Suicide inGay and Bisexual Youth*, in: Pediatrics Vol 87, 1991.

ze das Menschenrecht auf freie Wahl der geschlechtlichen Orientierung.

- In Pubertätskonflikten kommt er/sie auf die Idee, die Probleme könnten sich durch Geschlechtsumwandlung lösen lassen.

Für die Gender-Revolutionäre sind dies alles erstrebenswerte Ziele.

Die weltweite Homolobby drängt auf das gesetzliche Recht, die Adoption von Kindern durch homosexuelle Paare zuzulassen, was in einigen Ländern bereits geschehen ist. Künstliche Insemination und Leihmutterschaft eröffnen dafür neue Möglichkeiten. In Deutschland konnte das Gesetz durch den Regierungswechsel von der rot/grünen Koalition gerade nicht mehr beschlossen werden.

In Frage zu stellen, dass Kinder Vater und Mutter brauchen, ist ein Anschlag auf die Grundgegebenheiten der menschlichen Existenz und eine zynische Verleugnung aller Erkenntnisse der Psychologie. Es bedarf keiner Psychologie, um zu wissen: Ein Kind braucht Vater und Mutter. Dass aber die Psychologenzunft nicht aufschreit, deren täglich Brot es ist, Persönlichkeitsstörungen zu therapieren, die aus Fehlverhalten von Vater und Mutter resultieren, ist ein Skandal. Sie beugt sich der *political correctness*.[47]

Gibt es einen Menschen, der sich wünscht: Ach wäre ich doch in der Retorte gezeugt worden und von zwei Männern oder zwei Frauen aufgezogen worden? Gibt es ein Kind, das sich nicht schämen würde, wenn

---

[47] Siehe Anm. 11: *Destructive Trends in Mental Health.*

zwei Männer oder zwei Frauen als seine Eltern beim Elternabend auftreten und das deswegen nicht von seinen Mitschülern gemobbt würde? Wie viel Prozent der Bevölkerung müssten homosexuell werden, damit sich das ändert? Ein Drittel, die Hälfte, die Mehrheit?

Offensichtlich wird das Wohl der nächsten Generation für die Interessen der homosexuellen Minderheit, deren Anteil um die zwei Prozent beträgt, geopfert.

Aber nicht nur die Verführung zur Homosexualität ist das Problem der Gender-Indoktrination der jungen Generation. Wenn Kindern die Sexualität von Kindesbeinen an als Mittel zur Lustbefriedigung nahe gelegt wird, dann ist die Chance sehr gering, dass sie Selbstbeherrschung lernen, ihre Würde bewahren, leistungsfähig sind, zu reifen, bindungsfähigen Persönlichkeiten werden, den richtigen Lebenspartner finden und zur verantwortlichen Elternschaft fähig werden.

Nützt die Gender-Revolution der Gesellschaft?

In den Ländern der Europäischen Union werden nach Angaben der EU durch den Geburtenschwund im Jahr 2030 zwanzig Millionen Arbeitskräfte fehlen. Experten stimmen überein, dass diese Lücke durch Immigration nicht geschlossen werden kann. Der Zug in den Zusammenbruch des (Sozial-)Staates ist nicht mehr aufzuhalten, das weiß jeder Politiker und inzwischen jeder Zeitung lesende Bürger.

Angesichts der unabwendbaren, epochalen demographischen Krise ist es verantwortungslos und widerspricht jeder Vernunft, durch Homosexualisierung und Abtreibung eine Politik zu betreiben, welche die Zeugung und Geburt von Kindern verhindert.

Verhältnisse zu schaffen, in denen Frauen und Männer Kinder haben wollen und können, müsste für die Politik absoluten Vorrang haben, wenn man von der altmodischen Idee ausgeht, dass der Staat dem Allgemeinwohl verpflichtet ist. Wenn wir aber nicht mehr erkennen können, was gut ist, wie sollen wir dann Allgemeinwohl definieren? Wenn wir es nicht definieren können, woran soll sich der Staat, das heißt der einzelne Politiker, dann orientieren? Wenn er sich nicht am Allgemeinwohl orientiert, dann orientiert er sich am Wohl von Interessengruppen, letztlich an seinem eigenen.

Der „kategorischen Imperativ" des Philosophen Immanuel Kant lautet: „Handle so, dass die Maxime deines Willens jederzeit zugleich als Prinzip einer allgemeinen Gesetzgebung gelten könne."[48] Einfach gesagt: „Stell dir vor, alle wollten so handeln wie du jetzt – wären die Folgen erträglich?" Homo-Aktivisten tun alles, damit ihre Maximen zum allgemeinen Gesetz werden. Aber wer kann zeigen, dass die Folgen erträglich sein werden für die Zukunft der Gesellschaft, für die nächste Generation?

Die Gender-Revolution wird die Tatsache, dass der Mensch als Mann und Frau geschaffen ist, die sich durch die sexuelle Vereinigung fortpflanzen, nicht aufheben. Mit dieser Vorgabe unserer menschlichen Existenz sind zwei potentielle Bruchstellen gegeben: zwischen Mann und Frau und zwischen den Generationen. Durch die moralischen, normativen Entschei-

---

[48] Immanuel Kant, *Kritik der Praktischen Vernunft I*, 1, § 7, S. 140.

dungen von Mensch und Gesellschaft, wird die lebensnotwendige Einheit hergestellt und gesichert – oder geschwächt bis zum Zerfall einer Zivilisation. Je stärker die Einheit, umso stärker die Kultur. Homosexualität zerbricht die Einheit zwischen den Geschlechtern. Sie zerstört Zukunft und tritt deswegen auch nur im Verfallsstadium einer Kultur aus der Nische privater Sonderung heraus.

Die (Homo-)Sexualisierung der Gesellschaft führt zum Zerbrechen der Einheit zwischen den Geschlechtern und zwischen den Generationen.

Erwachsene, bei denen sich die triebhafte Sexualität verselbständigt hat, können kein guter Vater und keine gute Mutter sein, da sie Selbstbeherrschung, Überwindung des Egoismus, Verzicht und liebevolle Hingabe auf diesem Weg nicht lernen. Sie büßen ihre Autorität ein. *Jedes* Kind wünscht sich liebende, treue, fürsorgliche Eltern und braucht sie. Wird der Wunsch nicht erfüllt, entstehen Persönlichkeitsstörungen, die Arbeitsplätze für Therapeuten, Psychiater, Sozialarbeiter und Polizisten schaffen.

Kinder und Jugendliche, die dem Druck zur Frühsexualität nicht heroisch widerstehen, brechen aus der Elternbeziehung aus, bevor sie die Reife dafür haben, auch in den besten christlichen Familien. Das Beziehungschaos, in das sie in der Regel geraten, absorbiert die Energie, die sie für die Reifung ihrer Persönlichkeit und den Aufbau ihres Lebens dringend bräuchten. Oft stehen Eltern fassungslos vor dem feindseligen Verhalten ihrer pubertierenden Kinder. Der Grund dafür ist, dass die Kinder es nicht aushalten, wenn in der Familie und in der eigenen Altersgruppe unterschiedliche Wertsysteme gelten. Zunehmend orientieren sich Kinder nicht mehr an den Eltern, sondern an Gleichaltrigen, und gehen so den Eltern verloren.[49]

Die Sexualisierung führt zum Zerbrechen der Einheit zwischen den Generationen, auf der Kultur beruht: die Tradierung bisher geschaffener Werte und ihre Weiterentwicklung durch die nächste Generation.

Die Kultur, in der wir leben, entreißt die Kinder den Eltern. Dagegen können sich jene kaum mehr wehren, die es als ihre Aufgabe betrachten, die Grundwerte der Menschheit an ihre Kinder weiterzugeben: die Liebe zwischen Mann und Frau und die Liebe zu den Kindern als Fundament der Kultur. Kaum eine Familie, die von dem historisch einzigartigen Kulturbruch nicht erschüttert würde.

Durch diese politischen Maßnahmen legt der Staat die Hand auf die nächste Generation:

- Ökonomischer Zwang zur Berufsarbeit der Mutter. In Deutschland beschloss das Parlament am 29. 09. 2006 den Ersatz des berufsunabhängigen Erziehungsgeldes durch das einkommensabhängige Elterngeld.
- Ökonomischer Druck, Kinder nach 12 bis 14 Monaten Elterngeld in die Kinderkrippe zu geben
- Einführung eines obligatorischen Kindergartenjahres (in der Diskussion)
- Ausrichtung der Curricula vom Kindergarten bis zur Universität auf Gender-Ideologie. Gerichtli-

---

[49] Vgl. Neufeld, Gordon und Maté, Gabor, *Unsere Kinder brauchen uns*, Genius Verlag, 2006.

ches Verbot der Befreiung vom Sexualkundeunterricht

- Strafrechtliche Verfolgung von Homeschooler-Familien
- Ganztagsschule

Gender ohne Grenzen

Wir haben festgestellt, dass die Gender-Revolution mit ihrer ideologischen Propaganda den Betroffenen die Freiheit zur Umkehr beschneidet, die Familien schwächt, die Jugend gefährdet, das moralische Fundament der Gesellschaft zerstört, die demographische Krise verschlimmert und in den Zivilisationsverfall führt. Dennoch stampft sie mit unsichtbaren Bataillonen durch die Kulturen und reißt allen Widerstand nieder, der sich ihr entgegenstellt. Einzig die islamischen Völker, die in der moralischen Zerrüttung des Westens eine zusätzliche Rechtfertigung für ihren Anspruch auf Weltherrschaft sehen, stellen sich dieser globalen Revolution entgegen.

Niemand beruhige sich mit der Idee, dass diese Revolution von sich aus zu einem Ende käme. Der gleiche Kampf wie für die Anerkennung der Homosexualität wird für die Pädophilie geführt. Pädophilie heißt Kinderschändung. In den Niederlanden bewirbt sich eine Pädophilen-Partei um die Zulassung. Sie nennt sich „Nächstenliebe, Freiheit und Verschiedenheit (NVD)“. Ihr Ziel ist es, Sex von Erwachsenen mit Kindern ab 12 Jahren zu legalisieren und die Altersgrenze schließlich ganz zu kippen.[50]

---

[50] www.stern.de am 30.05.2006

Es geht bei der Gender-Revolution nicht um Freiheit und Toleranz und die Nichtdiskriminierung einer Minderheit. Das alles ist erreicht bis hin zu Sonderrechten für diese Minderheit. Ginge es um Freiheit und Toleranz, dann müsste diese auch für Christen gelten. Aber wir sind Zeugen eines sich immer mehr beschleunigenden Prozesses, der Christen zu einer unterdrückten Minderheit macht. In kaum einem Beruf können Christen ihre Überzeugungen noch zum Ausdruck bringen, ohne persönlich Nachteile erwarten zu müssen. Sie müssen ihre christlichen Wertvorstellungen in der Regel verbergen – und sie tun es.

Es geht um das, was tatsächlich geschieht: Die Zerstörung des Christentums. Der Kampf gegen den Gottesbezug in der europäischen Verfassung ist Ausdruck dieser Revolution.

Die schleichende Machtergreifung

Wer sich im Innersten entwürdigt, indem er einen anderen zur Triebbefriedigung benutzt und sich benutzen lässt, dem geht das Empfinden für die unantastbare Würde des Menschen verloren. Er erkennt sie nicht, er erfährt sie nicht, er hat keinen Grund, sie zu verteidigen, und auch keine Kraft dazu. Die Beziehungen zu anderen Menschen werden dann utilitaristisch: Was nützt er mir? Wie kann ich erreichen, dass er tut, was ich will? Wie kann ich meine Macht über Menschen vergrößern?

Immer wieder, besonders in Notzeiten, treten Menschen auf, die einen unersättlichen Hunger nach Macht haben und die bereit sind, dafür nicht nur die Liebe, sondern die Gerechtigkeit zu opfern. Sie machen vor dem Recht auf Leben nicht Halt und reißen schließlich lieber alles in den Untergang, als auf ihre Macht zu verzichten. Wir nennen sie Tyrannen oder Diktatoren.

Wir kennen Namen von Diktatoren. Jetzt erleben wir eine anonyme Revolution von oben nach unten. Wir wissen schließlich, wie ein Diktator aussieht und was er tut. Oberlippenbart und Stiefel gehören zu seinem Outfit. Nach sechzig Jahren Freiheit, Frieden und Demokratie wähnen wir uns sicher vor Diktatur. „Gender Mainstreaming als durchgängiges Leitprinzip und Querschnittsaufgabe des Staates“ (s. S. 57) hat so wenig Ähnlichkeit mit diesem Bild, entzieht sich der öffentlichen Wahrnehmung so sehr, dass die Alarmglocken nicht schrillen.

Es scheint dem Einzelnen, als würde seine Freiheit nicht angetastet. Wir haben noch Freiheit, sind der Scharia nicht unterworfen. Aber vor unseren Augen wird die Freiheit im Namen der Freiheit zerstört. Wer nach christlichen Werten leben und eine christliche Kultur erhalten will, für den wird es eng – bedrängt von zwei Seiten, durch einen zynischen Säkularismus und den Islam.

Eine Diktatur braucht atomisierte Individuen. Wer keine Bindungen hat, kann leicht gebunden werden. Wir erleben einen Totalangriff auf alles, was dem Menschen Halt durch Bindung gibt: auf Heimat, auf Familie, auf verbindliche Werte, auf Kirche, auf Gott. Als Ersatz wird ihm die Befriedigung seiner Begierden angeboten. Wer aber zum Sklaven seiner niedrigen

Triebe geworden ist, der hat nichts, was er der Versklavung durch eine Diktatur entgegensetzen könnte.

Die Basis dieser Entwicklung war der unvergleichliche materielle Wohlstand, der die faule Frucht der Spaßgesellschaft hervorbrachte. Sie ist am Ende. Die globalen, die nationalen und die sozialen Probleme lassen für die große Masse materielle Not am Horizont auftauchen. Wie verhalten sich Menschen ohne Bindung in einer Demokratie, wenn materielle Not auf moralische Not trifft? Wer wird das Ruder in die Hand nehmen?

Vernunft statt Glauben war der Schlachtruf der Aufklärung. Aber die Vernunft hat sich als kraftlos erwiesen, um Diktaturen zu wehren. Es zeigt sich einmal wieder, dass sie keine Macht hat, den Menschen zur Vernunft zu bringen, wenn sie sich – wenn er sich – von Gott trennt.

Deus caritas est

In seiner ersten Enzyklika[51] erinnert Papst Benedikt XVI. die Menschheit daran, wer Gott ist und wer der Mensch ist, denn das haben viele vergessen. „Gott ist die Liebe, und wer in der Liebe bleibt, bleibt in Gott, und Gott bleibt in ihm" (1 Joh 4,16). Das ist der erste Satz und der Samen, aus dem der Papst vor dem Auge der Vernunft und des Herzens den Baum der Wirklichkeit emporwachsen lässt, dessen Lebenssaft die Liebe ist. Hat er vorher als Präfekt der Glaubenskongregation die Eckpfeiler, auf denen das Haus des Glaubens steht, gestützt, so öffnet er jetzt die Tore

[51] Papst Benedikt XVI., *Deus caritas est,* Verlautbarungen des Apostolischen Stuhls Nr. 171.

dieses Hauses, um allen Menschen das Licht der Liebe zu zeigen, das es in sich birgt.

Aber was ist Liebe? Wir brauchen uns nur an einen Augenblick erinnern, in dem wir uns geliebt fühlten – Gott gebe, dass wir diesen Schatz in unserer Erinnerung finden –, dann kennen wir die Qualität von Liebe: Jemand hat mich mit einem Blick inniger Freude angesehen, hat sich mir selbstlos zugewandt, hat um meinetwegen auf etwas verzichtet. Nach solcher Liebe sehnen wir uns, und wenn sie uns streift, wollen wir, dass sie bleibt.

Aber sie bleibt nicht. Sie will gelernt werden. Wir stehen vor der Entscheidung: Lernen wir lieben oder begraben wir die Sehnsucht nach Liebe unter der isolierten Befriedigung von Lust?

Der Papst beschreibt den Weg vom Eros, der „Übermächtigung durch den Trieb" (4)[52], zur Agape, „die nun wirklich Entdeckung des anderen ist und so den egoistischen Zug überwindet, der vorher noch deutlich waltete. Liebe wird nun Sorge um den anderen und für den anderen. Sie will nicht mehr sich selbst – das Versinken in der Trunkenheit des Glücks –, sie will das Gute für den Geliebten: Sie wird Verzicht, sie wird bereit zum Opfer, ja sie will es." (6)

Weil der Mensch Leib und Geist ist, „wird er nur dann ganz er selbst, wenn Leib und Seele zu innerer Einheit finden". (5) Reißt er diese Einheit im intimsten, innersten, schöpferischen Akt der geschlechtlichen Vereinigung auseinander, so wird der „zum ‚Sex' degradierte Eros zur Ware, zur bloßen ‚Sache'; man

---

[52] Die Zahlen bezeichnen die Abschnitte in der Enzyklika *Deus caritas est.*

kann ihn kaufen und verkaufen, ja, der Mensch selbst wird dabei zur Ware." (5)

Aber Gott hat den Menschen *um seiner selbst willen* geschaffen, nur wenig geringer als er selbst. Er liebt den Menschen „mit der ganzen Leidenschaft wirklicher Liebe". (10) Weil wir aus Liebe geschaffen und zur Liebe berufen sind, sind wir frei, auf Gottes Liebe mit der Bereitschaft zu antworten, lieben zu lernen oder uns abzuwenden, weil uns der Weg zu beschwerlich ist. Wer sich abwendet, wird sagen, dass es Gott nicht gibt oder dass Gott böse ist oder dass jene, die an Gott glauben, Böses tun. Wer sich aber von der Sehnsucht in seinem Herzen leiten lässt, der beschreitet einen Weg der „Reinigungen und Reifungen, die auch über die Straße des Verzichts führen. Das ist nicht Absage an den Eros, nicht seine ‚Vergiftung', sondern seine Heilung zu seiner wirklichen Größe hin." (5)

Weil sich dieses Universum um die Liebe dreht, weil Gott, der Vater, der Sohn und der Heilige Geist in der Liebe eins und doch sie selber sind, ungetrennt und unvermischt, deswegen ist der Mensch als Mann und Frau geschaffen, um in der Liebe eins zu werden und doch sie selbst zu bleiben. Das ist das Paradox der Liebe: im Verschenken an den anderen sich selbst finden.

„Zweierlei ist daran wichtig", sagt der Papst: „Der Eros ist gleichsam wesensmäßig im Menschen selbst verankert; Adam ist auf der Suche und ‚verlässt Vater und Mutter', um die Frau zu finden; erst gemeinsam stellen beide die Ganzheit des Menschseins dar, werden ‚ein Fleisch' miteinander. Nicht minder wichtig ist das zweite: Der Eros verweist von der Schöpfung her den Menschen auf die Ehe, auf eine Bindung, zu der

Einzigkeit und Endgültigkeit gehören. So, nur so erfüllt sich seine innere Weisung […] Die auf einer ausschließlichen und endgültigen Liebe beruhende Ehe wird zur Darstellung des Verhältnisses Gottes zu seinem Volk und umgekehrt: Die Art, wie Gott liebt, wird zum Maßstab menschlicher Liebe.“ (11)

Das ist die Höhe, zu der wir *alle* berufen sind. Wir stolpern, wir fallen, wir stehen wieder auf und fallen wieder. Und wenn der letzte Schritt ein Aufstehen ist, nur eine Hinwendung, nur eine letzte Bitte um Barmherzigkeit, dann, so glauben Christen, treten wir über die Schwelle des Todes ein in die ewige Freude.

Handelt als Freie, aber nicht als solche, die die Freiheit als Deckmantel für das Böse nehmen.
(1 Petr 2,16)

Ausbruch zur Liebe

Wir brauchen eine sexuelle Gegenrevolution

In den letzten vier Jahrzehnten hat sich in unserem Land und in allen westlichen Gesellschaften eine sexuelle Revolution vollzogen, die das ethische Fundament der Gesellschaft zerschlagen hat. Von den sozialistischen Theoretikern der „Frankfurter Schule" angestiftet, haben die roten und grünen Aktivisten der sexuellen Revolution über die Gesetzgebung fast alle normativen Begrenzungen der Sexualität aufgehoben. Die Gesetze wurden zielstrebig so verändert, dass wir heute in einer Gesellschaft leben, in der das Ideal von Liebe, Ehe und Familie unter dem Schmutz sexueller Perversion unterzugehen droht. Dies alles ist geschehen, obwohl es sechzig Prozent getaufte Christen im Land gab und die Kirchen noch in jedem Dorf präsent waren.

Die Liebe ist schön, rein, stark, mitfühlend, selbstlos und opferbereit. Wenn sie noch eine Heimat unter uns haben soll, wenn die Familie der primäre Ort der Schule der Liebe bleiben und wieder werden soll, dann brauchen wir eine Befreiung unserer Gesellschaft aus dem Sumpf der Sexualisierung.

Der Kampf ist nicht leicht. Wer dem Volk, insbesondere der Jugend, das hemmungslose Ausleben jeder Art von Triebbesessenheit schmackhaft macht und damit großes Geld verdient, darf als Ehrenmann und Ehrenfrau durch die Welt gehen. Wer davor warnt, dass die Preisgabe fast aller beschränkenden Sexualnormen den Einzelnen und die Gesellschaft zerstört, der wird verlacht, ausgegrenzt, mundtot gemacht, verleumdet und mit Berufsverbot belegt.

Der Mensch ist so geschaffen, dass er sich vom anderen Geschlecht machtvoll angezogen fühlt und dass ihm der Akt der sexuellen Vereinigung Lust bereitet. Wäre das nicht so, gäbe es vermutlich niemanden, der sich hier und heute über die rechte Weise des Umgangs mit der Sexualität Gedanken machen könnte. Wie das Tier werden wir von Sexualhormonen angetrieben, aber – anders als das Tier – nicht von ihnen begrenzt. Was beim Tier der Instinkt bewirkt, wird beim Menschen durch soziale Normen reguliert und ist letztlich der Freiheit seiner sittlichen Entscheidung anheimgestellt. Das Tier kann weder lieben noch missbrauchen, es kann die sexuelle Befriedigung nicht von der Fortpflanzung und folglich auch nicht von der Gegengeschlechtlichkeit lösen. Nur der Mensch hat die Möglichkeit, das Streben nach sexueller Befriedigung von der Fortpflanzungsfunktion abzutrennen und andere Menschen zum Mittel der Triebbefriedigung zu entwürdigen. Dies erscheint ihm als Freiheit, ist aber in Wahrheit eine Versklavung an den Sexualtrieb. Der Mensch hat auch die Möglichkeit, seinen Sexualtrieb zu beherrschen und in der Freiheit, die er dadurch gewinnt, sich einem anderen in Liebe zum Geschenk zu machen und in der sexuellen Vereinigung den umfassendsten Ausdruck dieser Liebe zu erfahren.

Die sexuelle Vereinigung, für welche die Bibel das wunderbare Wort „erkennen" verwendet – im Hebräischen dasselbe Wort wie „verloben" –, geht niemanden etwas an außer diese beiden Menschen. Sie öffnen sich füreinander seelisch und körperlich, geben sich gemeinsam dem machtvollen sexuellen Geschehen hin und werden dadurch zutiefst verletzlich. Der sexuelle Akt schafft Bindung, ob die Beteiligten das wollen oder nicht. In allen Gesellschaften, die wir kennen, in allen Epochen der Geschichte, gehörte die Sexualität in den geschützten Raum der Intimität von Mann und Frau. Der sexuelle Akt ist das zentrale, menschliche Ereignis, denn in diesem Akt entsteht der Mensch. Wie einer seine Sexualität lebt, was er tut und was er nicht tut, hat tiefgreifende Auswirkungen auf ihn selbst, auf seine Beziehung zu Gott, auf seine Mitmenschen, auf seine Nachkommen und auf die Gesellschaft als Ganzes. Wenn die Sexualität herausgebrochen wird aus dem Schöpfungsplan Gottes, aus der Liebeseinheit zwischen Mann und Frau und der Offenheit für ein neues Menschenleben, dann wird die Ordnung des Menschenlebens an ihrem tiefsten Punkt beschädigt.

In unserer Gesellschaft wird Sexualität als Spaß gehandelt, seit sie durch die Pille von der Fortpflanzung entkoppelt werden konnte. Der Mensch wird immer mehr zum Gefangenen seines Sexualtriebes und überschreitet immer neue Grenzen der Integrität und Würde der Menschen, die er zur Befriedigung seiner – zur Sucht entartenden – Begierde braucht. Weil diese Sucht auch eine unbewusste Suche nach der verlorenen Unschuld ist, werden Kinder, bis hin zu Säuglingen, zum bevorzugten Objekt perverser Triebbesessenheit. Unschuld kann man besitzen, kann sie auch wiedererlangen, aber man kann sie sich nicht einverleiben; einem anderen, einem Wehrlosen, die Unschuld rauben, die man selbst längst verloren hat, das kann man durchaus.

Falls man ein nationaler oder *global player* ist, schafft man auf der Ebene der nationalen Gesetzgebung und der internationalen Organisationen der EU und UN die Bedingungen grenzenloser Triebbefriedigung. Am 30. Juni 2005 hat Spanien nach den Niederlanden und Belgien als drittes Land in Europa die gesetzlichen Voraussetzungen geschaffen, dass homosexuelle Paare heiraten und Kinder adoptieren können.

Ist das für die Kinder gut?

Vermutlich würden die Teilnehmer an Christopher-Street-Day-Paraden, denen Inhaber der höchsten Ämter dieses Staates voranschreiten, diese Frage bejahen: *Nur zu, treibt die Jugend von Kindesbeinen an in die sexuelle Lustbefriedigung, damit sie so werden wie wir, und wir uns in der Gesellschaft der Zukunft nicht mehr als Außenseiter fühlen müssen, denn das Gewissen soll keine Stimme und erst recht keine Zähne mehr haben.* Dafür kämpft der homosexuelle Regierende Bürgermeister Berlins, Klaus Wowereit. Er lässt es sich nicht nehmen, bei einem Straßenfest homosexueller Sadomasochisten persönlich eine Grußbotschaft zu überbringen. Sollen ihm die Menschen in diesen Abgrund der Perversion folgen?

Bei diesen Demonstrationen weitgehend unbekleideter Schwuler, Lesben, Bi- und Transsexueller wird „sexuelle Demokratie“ gefordert im Namen der hohen Werte von Freiheit, von Toleranz, von Menschenrechten und Antidiskriminierung. Dennoch dürften die meisten Menschen doch noch das Empfinden haben, dass die Sexualität etwas mit Liebe und Fortpflanzung zu hat und in den geschützten Intimbereich von Mann und Frau gehört, wie das in allen Hochkulturen der Geschichte der Fall war. Sünde hat es immer gegeben. Aber das öffentliche Feiern der Sünde, die Propagierung der Homosexualität in den Schulen und Medien, das Festschreiben der Sünde in Gesetzen – das tritt nur im Verfallsstadium einer Gesellschaft auf. Es ist nicht bekannt, dass vor uns irgendeine Kultur darauf verfallen wäre, eine homosexuelle Beziehung der Ehe zwischen Mann und Frau gleichzustellen und ihnen Kinder zur Adoption auszuliefern. Hat denn niemand Mitleid mit den Kindern?

Wenn wir die Augen öffnen, dann sehen wir, dass dieser Spaß ins Verderben führt: Er schafft eine Kultur des Todes. Der katastrophale Geburtenrückgang ist die Frucht, die uns zeigt, von welcher Art der Baum ist, auf dem sie wächst. Peter Kreeft schreibt in seinem Buch *Ökumenischer Djihad*: „Die sexuelle Revolution wird sich wahrscheinlich als die größte zerstörerische Revolution der Geschichte erweisen, weit mehr als irgendeine politische oder militärische Revolution, weil sie nicht allein das Leben, sondern die eigentlichen Quellen des Lebens anrührt."

Wenn wir eine Kultur des Lebens aufbauen wollen, dann müssen wir uns aus der Tyrannei der Sexualisierung befreien. Solange dies nicht geschieht, wird es nicht gelingen, die tägliche, massenhafte Tötung ungeborener Kinder zu beenden, den natürlichen Wunsch nach Kindern wieder zu entzünden und Ehe und Familie zum Fundament einer lebensfähigen Kultur zu machen. *Die Umkehr wird geschehen.* Die Frage ist nur, wie tief der Sturz sein wird, wie groß das Leid, bevor genügend Menschen erwachen und handeln. Aber schon heute kann jeder Einzelne seine Sexualität so leben, dass sie in die Lebensgesetze eingeordnet ist. Keine Diktatur der Welt, auch nicht die Diktatur der Medien, kann uns davon abhalten, das eigene Liebesleben so zu ordnen, dass es das Leben trägt und erhält und zu einer Quelle dauerhaften Glücks wird.

Die sexuelle Revolution der 68er Generation

Die junge Generation von heute muss wissen: Die moralische Welt, in der sie lebt, wurde erst vor kurzem erfunden, nämlich von der Generation, die um die Mitte des letzten Jahrhunderts geboren wurde, die 1968 mit dem Knüppel kommunistischer, sexueller und feministischer Parolen die Wertetradition ihrer Eltern zerschlug, um dann nach einem „langen Marsch durch die Institutionen" schließlich die Machtpositionen in Staat, Medien, Gerichtsbarkeit und dem Erziehungssystem zu besetzen.

Am Anfang der sexuellen Revolution standen Ideen. Sie wurden von der „Frankfurter Schule", von Horkheimer, Adorno, Marcuse und Habermas propagiert. Um Propaganda handelte es sich, denn es ging ihnen erklärtermaßen nicht um Erkenntnis der Wirklichkeit, sondern um deren Veränderung. Der Psychoanalytiker Wilhelm Reich, abgefallener Schüler Sigmund Freuds, Mitglied der kommunistischen Partei und ein Mitstreiter Marcuses, behauptete, der Mensch brauche dreimal in der Woche einen Orgasmus, um seine „neurotische Lustangst“ zu überwinden, welche die Ursache des „autoritären Charakters“ sei, der gerade in SS-Stiefeln die Völker zertrampelt hatte.

So etwas zieht bei einem Volk, dem die unbereute Schuld in den Knochen sitzt. Daraus wurde dann später die ach so harmlose Parole der Hippies: *Make love, not war.*

Zur gleichen Zeit verkündete Simone de Beauvoir, Lebensgefährtin von Jean Paul Sartre, in ihrem weltweiten Bestseller *Das andere Geschlecht* neue Ideen: „Man kommt nicht als Frau zur Welt, man wird es.“ Ehe und Mutterschaft wurden als „Sklaverei“ dargestellt, denen es zu entfliehen gelte. Da „der Embryo, der in ihr haust, nichts wie Fleisch ist“, ja „ein Parasit, der auf ihre Kosten lebt“, kann er ohne Skrupel getötet werden, damit die Frau „als Herrin über ihren Leib verfügt“. In der Welt von Simone de Beauvoir soll das Kollektiv die Betreuung der Kinder übernehmen. „Das soll nicht heißen, dass man sie den Eltern *entziehen*, sondern dass man sie ihnen nicht ausliefern würde.“ Diese Welt wird vor unseren Augen Realität.

Zu leben, was die strategischen Vordenker meiner Generation in Hirn und Herz geträufelt hatten, wurde möglich durch die Pille. Pillen sind eigentlich dazu da, Gesundheit herzustellen, damit das Leben pulsieren kann, die Pille aller Pillen aber verhindert, dass neues Menschenleben entsteht. Sie wurde auf der ganzen Welt begeistert begrüßt: free sex war die Verheißung.

Nur einer hatte Bedenken, Papst Paul VI. Im ominösen Jahr 1968 verkündete er gegen den Widerstand der ganzen Welt und der Mehrheit seiner eigenen Kurie die Enzyklika *Humanae Vitae*, in der der Hirte seinen Schafen geradezu flehentlich darlegt, dass der Mensch den von Gott bestimmten Sinngehalt des ehelichen Aktes – die liebende Vereinigung und die Fortpflanzung – nicht eigenmächtig lösen darf. Alle prophetischen Warnungen, die der Heilige Vater ausspricht, sind weit schlimmer eingetroffen, als er befürchtete. Aber die Schafe sagten: Wir wollen nicht auf den schmalen Weg, wir wollen auf der breiten Straße zum fetten Gras. Sie bekamen grünes Licht von den deutschen Bischöfen in Königstein: „Folgt eurem eigenen Gewissen."

Damit war dem Gläubigen erlaubt, selbst zu definieren, was Sünde und was keine Sünde ist. Es wurde ein Keil zwischen das gläubige Volk und den Heiligen Vater getrieben. Seitdem hat die Kirche ihre Kraft verloren, das moralische Territorium zu verteidigen.

Ein Gesetz nach dem anderen passierte den Bundestag, als gäbe es keine Christen im Land. Diese Gesetze haben ein einziges Ziel: die Beseitigung aller normativen Beschränkungen der Sexualität.

– Freigabe der Pornographie 1971.
– Abschaffung des Paragraphen 175, der homosexuelle Handlungen unter Strafe stellte, und Senkung des Schutzalters vor sexuellen Handlungen Erwachsener mit Jugendlichen auf 14 Jahre
– Schrittweise Liberalisierung der Scheidung
– Faktische Freigabe der Abtreibung
– Lebenspartnerschaftsgesetz, im Volksmund „Homoehe", zur Jahrtausendwende
– Abschaffung der Sittenwidrigkeit der Prostitution und deren Anerkennung als sozialversicherter Beruf

– Verabschiedung des Antidiskriminierungsgesetzes (Allgemeines Gleichbehandlungsgesetz) 2006

Gewiss gab es Einwendungen der katholischen Kirche. Aber ein Kulturkampf fand nicht statt.

Man täusche sich nicht: Wir sind nicht am Ende dieser Entwicklung. Der Kampf um die Legalisierung der Pädophilie, also der Kinderschändung, hat begonnen und wird mit denselben manipulativen Winkelzügen geführt wie der Kampf um die Homosexualisierung der Gesellschaft.

Noch kommen wir nicht ins Gefängnis, wenn wir sagen: „Hier wird die Sünde zum Gesetz gemacht." Aber es gibt bereits Länder, in denen die freie Meinungsäußerung durch so genannte „hate laws" eingeschränkt ist. Das Antidiskriminierungsgesetz ist dazu eine Vorstufe.

Veränderung der Sprache

Diese ganz legale, ganz demokratische, sexuelle Revolution spiegelt sich in der Sprache und wird durch bewusste Sprachmanipulation vorangetrieben.

Bestimmte Wörter sind aus der Mode gekommen. Wer sie dennoch in den Mund nimmt, gibt sich als hinterwäldlerischer, unverbesserlicher, ewig gestriger Fundamentalist zu erkennen, den man nur mitleidig belächeln kann und dem man selbst in christlichen Kreisen kaum ein Mikrofon in die Hand gibt. Zu diesen Worten gehören: Teufel, Sünde, Laster, Unzucht, Perversität, Wahrheit, Tugend, Jungfräulichkeit, Keuschheit, Reinheit, Ehre.

Nehmen wir einmal hypothetisch an, der Mensch hätte eine unsterbliche Seele und es gäbe einen unsichtbaren Kampf zwischen Gott und Satan um diese Seele, der durch die freie Entscheidung des Menschen entschieden wird, dann ist das, was hier geschehen ist, eine geniale Strategie des Bösen. Nachdem Nietzsche verfügt hatte, „Gott ist tot", war es ein Leichtes, eine fingierte Todesanzeige zu lancieren: Auch der Teufel ist tot, vielmehr hat es ihn nie gegeben. (Herbert Haag, *Abschied vom Teufel*). Damit fällt der geistliche Kampf in sich zusammen. Die Idee, dass es eine absolute Wahrheit gibt und der Mensch gehalten ist, um ihre Erkenntnis zu ringen und sein Handeln an ihr auszurichten, wird in Misskredit gebracht und eine „Diktatur des Relativismus" aufgerichtet.

Das Wort „Sünde", das auf eine gottgegebene Ordnung verweist, aus der sich der Mensch zu seinem eigenen Schaden entfernt, wird durch „Fehler" ersetzt und damit das Handeln des Menschen seiner transzendenten Dimension beraubt. Das Gute wird aus der Polarität zum Bösen herausgebrochen. Wir wollen alle das Gute, Freiheit und Toleranz zum Beispiel, Werte müssen wieder her, aber das Böse darf nicht beim Namen genannt werden. Worte wie Unmoral, Unzucht, Laster, Perversität, die bislang böses Handeln auf den Begriff brachten, wurden anrüchig. Ebenso Wörter, die gutes Handeln in Sprache fassen und damit dem Bewusstsein zugänglich machen. Wer wagte noch zu sagen, dass der Mensch zur Entfaltung von Tugenden berufen ist, dass Kinder zur Tugend erzogen werden müssen, wer wagte diese Tugenden noch beim Namen zu nennen, insbesondere die sexuellen, nämlich Jungfräulichkeit, Keuschheit, Reinheit? Wer kann mit dem – zugegeben nationalistisch missbrauchten – Begriff Ehre noch etwas anfangen, die ein Mensch erwirbt, der Tugend übt, der also seine Willensfreiheit gebraucht, um seine animalischen Antriebe zu überwinden und sich für das Gute zu entscheiden?

Andere Wörter sind neu erfunden worden, um die sexuelle Grundorientierung des Menschen umzupolen. So das Wort *gender*. Außerhalb der Welt der Politik ist dieser Begriff kaum bekannt, obwohl die Bundesregierung „Gleichstellungspolitik mittels der politischen Strategie des Gender Mainstreaming 1999 als durchgängiges Leitprinzip und Querschnittsaufgabe“ festgelegt hat (www.bmbf.de/de/532.php). Es gehört zur Strategie, dass dieses Kauderwelsch niemand versteht, um durchzusetzen, was im Klartext doch noch Widerstand hervorrufen würde.

Gender ist der Begriff, den die Feministinnen auf den internationalen Frauenkonferenzen in Kairo und Beijing als Ersatz für das Wort *sex* eingeführt haben und der über die Entschließungen der UN und EU zur politischen Strategie in den Einzelstaaten geworden ist. Die Absicht hinter dieser Sprachschöpfung ist, jeder sexuellen Orientierung gesellschaftliche Akzeptanz zu verschaffen. *Gender* ist im Englischen der grammatikalische Ausdruck für Geschlecht. Während *sex* die Geschlechtsdifferenzierung von Mann und Frau bezeichnet, wird mit dem Begriff *gender* jede Art von sexueller Orientierung als gleichwertig bezeichnet: hetero, homo, bi etc. Diese Auffassung von Sexualität ist Grundlage des Sexualkundeunterrichts an unseren Schulen und hat das Bewusstsein der jungen Generation geprägt. Über das Tempo, mit dem sich so fundamentale Wandlungen vollzogen haben, kann man nur staunen.

Wir sehen: Die sexuelle Revolution, die sich in knapp vier Jahrzehnten ereignet hat, hat die Sprache verwirrt, mit der wir Gutes von Bösem unterscheiden können. Damit ist aber die Rede von den „Werten" hohl und leer. Wert hat etwas, das wir für gut halten. Werte gewinnen Substanz nur durch ihre Verwirklichung. Die Verwirklichung des Guten bedarf der sittlichen Entscheidung des Menschen und verlangt ihm den Verzicht auf unmittelbare Bedürfnisbefriedigung ab, um etwas zukünftiges Größeres zu erlangen. Hier ist die Quelle der Energie, mit der Zivilisation aufgebaut wird. Wenn der Zufluss an real errungener Tugend fehlt, dann verkommen Werte zu Worthülsen, die ideologisch gefüllt werden können. Genau dies ist geschehen, wie wir an der Bedeutung der Werte Freiheit, Toleranz und Antidiskriminierung sehen können, die sich die sexuelle Revolution auf die Fahnen geschrieben hat. Eine Gesellschaft, die alles tut, um den Menschen in die unmittelbare Bedürfnisbefriedigung zu treiben, und dies am innersten Kern seiner Existenz, nämlich der Sexualität, verwirkt ihre Zukunft.

Freiheit, Toleranz, Antidiskriminierung

Freiheit

Heute verstehen wir unter Freiheit landläufig: „Ich darf tun und lassen, was ich will." Dies ist ein auf den Egoismus des Individuums reduzierter Begriff von Freiheit, der durch die Abtrennung von Verantwortung und Wahrheit in sein Gegenteil pervertiert und den Freiheitsgrad der Gesellschaft zunehmend vermindert. Ein Mensch, der nicht lernt, seine natürlichen Instinkte zu beherrschen, insbesondere seinen Sexualtrieb, wird ein Sklave dieser Triebe und wird skrupellos die Freiheit anderer verletzen, um seine triebhaften Bedürfnisse zu befriedigen. Sie finden in sich keine Grenze, denn sie führen nie zur Erfüllung der wahren Sehnsucht nach Liebe. Die Folge ist ein Anwachsen sexueller Kriminalität, sowohl in der Zahl der Missbrauchsdelikte als auch in der Abgründigkeit der Verbrechen.

Nirgendwo zeigt sich die tödliche Konsequenz eines von Wahrheit und Verantwortung losgelösten Freiheitsbegriffes deutlicher als bei der Abtreibung. Ist der Embryo, dessen Herz schlägt, ein Mensch oder ist er keiner? Hat die Mutter Verantwortung für das Leben des Kindes, das in ihr heranwächst oder hat sie es nicht? Hat der Staat die Pflicht, das Leben seiner Bürger zu schützen, auch derer, die ihre Rechte nicht selbst wahrnehmen können, oder nicht? Aber was tun wir? Der „Freiheit" der Mutter und des Vaters wird das Lebensrecht des Kindes geopfert. Der Staat beschließt Gesetze, die die massenhafte Tötung der nachwachsenden Generation zulassen, ja, er übernimmt sogar die Kosten. Er nennt Abtreibungen zwar immer noch Unrecht, aber er setzt das Unrecht frei von Strafe.

Wie ist dieser offenkundige Irrsinn zu erklären? Ich finde nur eine Erklärung: *die Verblendung*, welche der Sünde auf den Fuß folgt. Sobald wir einer Versuchung erlegen sind, scheint die Wahrnehmung für das Wahre und Gute, einen blinden Fleck zu bekommen, bis schließlich das Böse im Schafspelz des Guten auftreten kann. Ist es denn nicht böse, wenn wir Kinder, die ihre Eltern wenige Monate später mit bedingungsloser Liebe anlächeln würden, im Mutterleib zerstückeln und in den Müll werfen?

Toleranz

Wie steht es mit dem hohen Wert der Toleranz? Die heutige Forderung nach Toleranz spielt auf dem Klavier des Schuldvorwurfs an die katholische Kirche für Sünden, die vor Jahrhunderten begangen und die von Papst Johannes Paul II. öffentlich bekannt und bereut wurden: Inquisition bis hin zur Hexenverbrennung. Das Bestreben, andere von der eigenen Wahrheit zu überzeugen, kann in gewalttätigen Fanatismus ausarten, wie uns der islamistische Terror fast täglich vor Augen führt. Dies dient als Vorwand, um die Überzeugung und den Glauben, dass es Wahrheit gibt und dass der Mensch zur wahren Erkenntnis Gottes und seiner selbst gelangen kann, generell für illegitim zu erklären.

Wieder ein Geniestreich des Bösen, der uns daran hindert, Wahres von Falschem, Gutes von Bösem zu unterscheiden! Dieser entleerte Begriff der Toleranz führt zur „Diktatur des Relativismus“, wie es Papst Benedikt XVI. nennt, unter der alles erlaubt ist, nur nicht das Bekenntnis zu Jesus Christus. Er hat seinen Anspruch: „Ich bin der Weg und die Wahrheit und das Leben,“ mit dem Tod am Kreuz bezahlt und besiegelt. Niemand hat die Forderung nach Toleranz radikaler erhoben als Jesus Christus: *Liebet eure Feinde!* Das ist die eigentliche Substanz des Wertes Toleranz.

Der Kampf um die gesetzliche Gleichstellung der homosexuellen Partnerschaft mit der Ehe zwischen

Mann und Frau wird im Namen so verstandener Toleranz geführt. Wenn wir daran festhalten, dass der Mensch als Mann und Frau im Ebenbild Gottes geschaffen und die Sexualität auf diese Polarität hingeordnet ist, dann gelten wir als gefährliche Fanatiker. Toleranz ist aber in Wahrheit eine Tugend, die bedeutet, dass ich den anderen in seiner Andersartigkeit ertrage, auch dann, wenn er meinen Vorstellungen von wahr und falsch nicht entspricht. Der ideologische Charakter des heutigen Toleranzbegriffs zeigt sich daran, dass er jede Sünde toleriert, aber den Anspruch auf Wahrheit bekämpft. Nicht die Homosexuellen werden heute diskriminiert, denen etwa in München das Rathaus zur Party nach einer Christopher-Street-Day-Parade zur Verfügung gestellt wurde. Wer diskriminiert wird, sind Christen, die sich zu ihrem Glauben bekennen und ihn leben. Sie werden als „Fundamentalist“, „Heterosexist“, „Homophober“ oder „Rassist“ bezeichnet. Rocco Buttiglione war bisher das prominenteste Opfer der Diskriminierung von Christen.

Antidiskriminierung

Der dritte Begriff im Kampf um die vollständige Gleichberechtigung von Homosexuellen, Bisexuellen, Transsexuellen und was es sonst noch geben mag, heißt Antidiskriminierung. In der Tat, niemand soll diskriminiert, ausgegrenzt, herabgewürdigt werden, auch dann nicht, wenn er sich in schwere Sünde verstrickt hat. Der heilige Augustinus hat es unübertrefflich formuliert: die Sünde hassen und den Sünder lieben. Dies ist eine hohe Tugend, die man im Verhältnis zu sich selbst und zu seinem Nächsten ständig üben kann. Aber müssen wir deswegen unseren Kindern in den Schulen beibringen, dass sie ihre geschlechtliche Orientierung, ja ihr Geschlecht, frei wählen können? Müssen wir Kinderschändung „intergenerational intimacy" nennen und ihre Ausübung zu einem demokratischen Recht erklären, wie das angestrebt wird? Ist es eine Diskriminierung von Homosexuellen, wenn wir die Jugend in den Schulen darüber aufklären würden, dass homosexuell praktizierende Männer in der Regel mehrere Hundert Sexualpartner haben, dass ihr Risiko, AIDS, Geschlechtskrankheiten, schwere Depressionen, Angstneurosen zu bekommen, drogenabhängig und suizidgefährdet zu werden, erheblich höher ist und ihre Lebenserwartung an die zehn Jahre kürzer als von Heterosexuellen?

Alle drei Begriffe erweisen sich als Schafspelz, in den sich der reißende Wolf unserer Tage hüllt. Aber wie beim Märchenprinzen das goldene Kleid unter der Bärenhaut hervorblitzt, so kann der Wolf unter seinem Schafspelz immer weniger verbergen, dass er kommt, „um zu stehlen, zu schlachten und zu vernichten". (Joh 10,10) Sein Schafspelz ist aus Freiheit, Toleranz und Antidiskriminierung gewebt, perfekt zugeschnitten auf die Kollektivpsyche dieser Zeit. Nachdem der Wolf als Herrenmensch aufgetreten und ein Volk zu Tätern gemacht hat, präsentiert er sich denen, die nie mehr Täter sein wollen, als Opfer. Da wir heute den Wolf nur im Nazi-Kostüm erkennen, kann er in seiner neuen Verkleidung schrankenlos wüten. Er gaukelt den Massen, die im Wohlstand groß geworden sind, vor: Du kannst haben, was du willst. Nimm dir, was du brauchst!

An ihren Früchten sollt ihr sie erkennen: Zerstörung der Familie und Vergreisung der Bevölkerung

Es ist für jeden schwer, den spezifischen Verblendungen seiner Zeit zu widerstehen. Sie legen sich wie ein Nebelschleier über das eigene Bewusstsein, den meistens erst das Leiden zerreißt. Welche Möglichkeiten haben wir, den Schleier zu lüften?

Jesus gibt einen ganz einfachen Hinweis: „An ihren Früchten werdet ihr sie erkennen. Erntet man etwa von Dornen Trauben oder von Disteln Feigen?" (Mt 7,16)

Was also sind die Folgen der sexuellen Revolution, die innerhalb von knapp vier Jahrzehnten das moralische Fundament der westlichen Kultur brüchig werden ließen, einer Kultur, die auf die Integrität des Familienlebens gegründet ist – dieser einzigartigen Errungenschaft der jüdisch-christlichen Tradition?

Innerhalb von nur zehn Jahren nach Einführung der Pille verdoppelte sich die Scheidungsrate und halbierte sich die Geburtenrate. Das hat dramatische, langfristige Folgen, die jeden von uns treffen werden.

Die Scheidungsrate ist von 10,7 % im Jahr 1960 auf 40 % im Jahr 2002 angestiegen, Tendenz steigend. (In Österreich hat sie im Jahr 2004 den Rekord von 46,1 % erreicht.) Die Trennung von Eltern, die unverheiratet zusammenleben – für die betroffenen Kinder nicht minder schlimm – taucht in keiner Statistik auf.

Eheloses Zusammenleben ist weit verbreitet und allgemein akzeptiert. Wurden 1968 in den alten Bundesländern noch 4,8 % der Kinder unehelich geboren, so sind es 2002 in ganz Deutschland 19 %.

7,4 % der 30–34jährigen Frauen in Deutschland sind im Jahr 2000 allein erziehende Mütter. Zusammen mit ihren Kindern machen sie ein Fünftel aller Sozialhilfeempfänger aus.

Sind das gute Früchte? Haben wir an Freiheit gewonnen? Auf wessen Kosten? Wieviel Leid steht hinter diesen Zahlen! Was würden die Millionen von Scheidungskindern sagen, die in den Patchwork-Familien zwischen allen Stühlen sitzen? Wissenschaftliche Studien zeigen, dass immer mehr Kinder mit ernsten Verhaltensproblemen in den Kindergarten und in die Grundschule kommen. Scheidungskinder fallen in ihren Schulleistungen ab und sind erheblich anfälliger für Depression, Angstzustände, Drogenabhängigkeit, Suizid und Kriminalität. Lehrer sind kaum mehr in der Lage, eine Lernatmosphäre zu schaffen, weil sie mit Disziplinlosigkeit und Gewalt zu kämpfen haben. Großes Erschrecken, wenn in der PISA-Studie der allgemeine Bildungsverfall zu Tage tritt.

Seit dem so genannten Pillenknick ist die Geburtenrate, also die durchschnittliche Zahl von Kindern, die jede Frau zu Welt bringt, von 2,4 im Jahre 1965 auf 1,4 im Jahre 1975 gesunken. Heute hat Deutschland mit 1,3 eine der niedrigsten Geburtenraten der Welt. Seitdem ist klar, dass jede nachwachsende Generation um ein Drittel kleiner ist als ihre Elterngeneration. Bis zur Mitte dieses Jahrhunderts wird die Bevölkerung Deutschlands ohne Einwanderung von 82 auf 54 Millionen abnehmen, vorausgesetzt, die Geburtenrate fällt nicht weiter. Weil immer weniger Kinder geboren werden und die Lebenden immer älter werden, verschiebt sich der Altersaufbau der Bevölkerung nach oben: Nach neuesten Schätzungen des Bundesamtes für Statistik werden im Jahr 2050 in Deutschland 30 Prozent der Bevölkerung über 65 Jahre alt sein, im Jahr 2000 waren es 17 Prozent. Es wird dann nur drei Millionen Kinder unter 6 Jahren, aber 9 Millionen Alte über 80 Jahren geben. Entgegen allen Prognosen einer unaufhaltsamen Bevölkerungsexplosion ist die Vergreisung ein globaler Prozess. Nach Schätzungen der Vereinten Nationen wird sich bis zur Jahrhundertmitte der Anteil der Menschen über 65 Jahren weltweit von 7 auf 16 Prozent mehr als verdoppeln. Die rigorosen Programme der Bevölkerungskontrolle, Verhütung, Abtreibung, Sterilisation, an welche die Industriestaaten ihre Entwicklungshilfe gekoppelt haben, wirken sich aus.

Diese Entwicklung ist in den europäischen Ländern seit dem Einbruch der Geburtenrate Anfang der siebziger Jahre berechenbar. Aber die Politik hat sie ignoriert. Erst jetzt, wo der Zusammenbruch des Sozialstaates nicht mehr abwendbar ist, rückt das Thema ins öffentliche Bewusstsein. Kamen 1995 auf 100 Erwerbstätige 36 Rentner, so werden es im Jahre 2025 doppelt so viele sein. Immer weniger Erwerbstätige müssen für sich selbst, für ihre eigenen Kinder und für immer mehr Alte aufkommen, in einer ökonomischen Welt, in der die Arbeitskraft von Millionen Menschen brachliegt.

Beschädigung der Fortpflanzung

Wie ist es möglich, dass in unserer Zivilisation der Fortpflanzungsmechanismus der Spezies Mensch beschädigt wurde? Nichts ist von der Natur mit einer solchen Überfülle von Sicherheit eingerichtet wie die Fortpflanzung.

Was also tut der Mensch? Jeder weiß es, aber die Worte dürfen nicht ausgesprochen werden, denn sie als

Ursache der Kultur des Todes zu benennen, ist ein Tabu. Diese Wörter sind:

- Verhütung
- Abtreibung
- Homosexualität
- Verbrauchende Embryonenforschung

Wenn Kinder verhütet werden, werden sie nicht empfangen.

Wenn Kinder im Mutterleib getötet werden, werden sie nicht geboren.

Wenn zwei Menschen gleichen Geschlechts sich wechselseitig befriedigen, entsteht kein Kind.

Eine Gesellschaft, die Embryonen tötet, damit alte Menschen älter werden, opfert neues Leben für die Verlängerung alten Lebens.

(Der letzte Punkt ist kein quantitatives Problem, sondern unverhüllter Ausdruck der Kultur des Todes.)

Diesen Zusammenhang nicht zu sehen, ist so absurd und so irrational, als dürfte man nicht feststellen, dass zwei und zwei vier ist. Wenn jedes dritte Kind im Mutterleib zerstückelt, zerquetscht oder vergiftet wird, dann sind wir als Gesellschaft in einem verbrecherischen Tun gefangen, dessen Konsequenzen die Größe des Verbrechens spiegeln.

Die Untersuchung von J. D. Unwin: *Sex and Culture*

Wir haben die besonderen historischen Ursachen dieser Entwicklung in den letzten vier Jahrzehnten betrachtet. Der englische Anthropologe J. D. Unwin zeigt, dass sie einer allgemeinen Gesetzmäßigkeit entsprechen. 1934 veröffentlichte Oxford University Press (London) sein großes Werk *Sex and Culture*. Unwin wollte wissen, ob die These Sigmund Freuds wahr ist, dass Kultur durch die Sublimation des Sexualtriebes entsteht, das heißt durch den Verzicht auf Triebbefriedigung. Dazu untersuchte er achtzig so genannte *uncivilized societies* und die Hochkulturen der Babylonier, Sumerer, Athener, Römer und Angelsachsen.

In groben Zügen sind dies seine Ergebnisse: Je größer die sexuelle Beschränkung, desto höher das gesellschaftliche Niveau, je geringer die sexuelle Beschränkung, umso niedriger das kulturelle Niveau. *Von dieser Regel gibt es keine Ausnahme.* Nur wenn in einer Gesellschaft die Frauen voreheliche Keuschheit bewahren, gibt es Gottesverehrung. Wo unbegrenzte, voreheliche sexuelle Freiheit gewährt wird, gibt es weder Gottesverehrung noch Ahnenverehrung, sondern ausschließlich Natur- und Tierverehrung. Unwin spricht von *zoistischen* Gesellschaften. *Zoon* heißt übersetzt Tier. Zivilisierte Kulturen zeichnen sich dadurch aus, dass sie neben der vorehelichen Keuschheit auch auf absoluter Monogamie bestehen.

Der Wandlungsprozess von einer Stufe zur anderen dauert drei Generationen, das heißt: Wenn eine Gesellschaft drei Generationen lang völlige sexuelle Freiheit vor der Ehe gewährt, dann sinkt sie auf das unterste Niveau.

Unwin wörtlich: „Die Begrenzung der sexuellen Triebbefriedigung muss als die Ursache des kulturellen Fortschritts betrachtet werden." (Unwin, S. 317)

Ist das nicht interessant? Unsere eigene Erfahrung bestätigt diese Ergebnisse. Wir befinden uns im Verfallsstadium dieser Zivilisation. Wenn wir eine Kultur des Lebens aufbauen wollen, dann – so zeigt diese Untersuchung – müssen wir den Geist, den wir aus der Flasche gelassen haben, wieder zurückholen, nämlich die Sexualität an den Ort, wo allein sie sich zum dauerhaften Glück der Menschen entfalten kann: in die Ehe zwischen Mann und Frau.

Die Sehnsucht des eigenen Herzens

Wir haben gesehen: Die Früchte der Ideologie der sexuellen Befreiung und des Feminismus lassen uns erkennen, dass sie von einem schlechten Baum stammen. Staunen kann man nur darüber, dass sie den Nebelschleier der Verblendung, der über unserer Kultur liegt, immer noch nicht zerreißen.

Es gibt noch einen zweiten Zugang, der aus der Verblendung herausführt, und das ist die Sehnsucht des eigenen Herzens.

Jeder sehnt sich nach Liebe. Wer einmal geliebt hat, der weiß, dass Liebe bereit macht, sich der geliebten Person hinzugeben und nichts mehr zu ersehnen, als dass die geliebte Person darauf mit ihrer Hingabe antwortet. Wenn zwei Menschen das erleben, dann wollen sie, dass diese Beziehung ewig dauert. Etwas anderes als wechselseitige Treue ist nicht vorstellbar, denn zwei Menschen haben sich in ihrem einzigartigen Wesen erkannt und können nur staunen über das Wunder, zueinander gefunden zu haben. Die sexuelle Vereinigung ist die tiefste Erfüllung einer solchen Liebe. Zur menschlichen, personalen Hingabe kommt dann die gemeinsame Hingabe an die sexuelle Dynamik, die noch tiefere, seelische Schichten ergreift.

Wer das Glück hatte, auf eine solche Liebe warten zu können, der wird frohen Herzens das Ja am Traualtar sprechen. Dieses Ja ist das Fundament, auf das die Familie gegründet werden kann, ein Ja, das beide bereit macht, neuem Menschenleben Raum zu geben. Die Liebe zwischen Mann und Frau führt zur Überwindung des Egoismus des Einzeldaseins und findet im Kind ihre Erfüllung. In der Annahme der Vaterschaft und der Mutterschaft rückt das Wohl eines Dritten ins Zentrum der Existenz.

Die erste Liebe, und sei sie noch so groß, ist ein Vorgeschmack des Himmels, der unweigerlich wieder verloren geht. Der Kampf mit dem Egoismus bleibt, und lieben zu lernen, ist die Aufgabe fürs ganze Leben. Im Sakrament der Ehe kann dies mit göttlicher Gnade gelingen.

Das ist der Höhenweg der Liebe, der große Anforderungen an den Menschen stellt. Jeder sehnt sich nach Liebe, aber unsere Kultur vermittelt nicht mehr das Know-how, wie sich diese Sehnsucht erfüllen kann. Im Gegenteil, sie tut alles, um den Weg hinter den schwülen Wolken schrankenloser Lustbefriedigung zu verbergen.

Jugendgefährdung durch Medien und Sexualkundeunterricht

Welche Botschaft bekommen Kinder und Jugendliche in unserer Gesellschaft über Sexualität? Es ist fast unmöglich geworden, sie vor pornographischen Bildern zu schützen. Wenn wir den Medienkonsum nicht so lange wie möglich rigoros kontrollieren, was schwierige Probleme in der Familie schafft, werden sie Bilder und

Filme sehen, in denen ein Mensch den anderen zur Lustbefriedigung benutzt.

Wenn sie in die Schule gehen und selbstständig einkaufen, stoßen sie auf so genannte Jugendzeitschriften wie *Bravo*, *girl* und *Popcorn*, die auf Jugendliche ab neun Jahren zielen und jede Art von sexueller Unzucht als normales Vergnügen darstellen. *Popcorn* wurde von der Bundesprüfstelle für jugendgefährdende Medien in die Liste der jugendgefährdenden Publikationen aufgenommen, weil es in Text und Bild sadomasochistische Handlungen darstellt. Verkauft darf es dennoch werden.

Diese Saat fällt in Kinderherzen, die vielleicht durch die Trennung der Eltern aufgerissen und verletzt sind. Sie haben kein Vorbild und keinen Maßstab, der sie vor solchen Verführungen zurückschrecken ließe.

Ab neun Jahren, wenn Kinder von sich aus noch keinerlei Interesse an Sexualität haben, bekommen sie Sexualkundeunterricht. In gemischten Klassen werden sie angeleitet, die Geschlechtsorgane aus Knetmasse zu formen und Kondome über Karotten zu ziehen. Sie erfahren, dass Sexualität zur Lustbefriedigung da sei, dass die sexuelle Orientierung frei gewählt werden könne und homosexuelle Impulse ausgelebt werden sollten, damit die Persönlichkeit keinen Schaden nehme. Dennoch steigen die Teenagerschwangerschaften dramatisch an und enden meist mit der Abtreibung. Die einzige Antwort der staatlichen Stellen ist, den Sexualkundeunterricht noch früher anzusetzen. Eltern, die nicht wollen, dass ihr Kind an einem solchen Unterricht teilnimmt, setzen sich einem Spießrutenlauf aus, indem sie oft vergeblich auf die Hilfe politischer und kirchlicher Stellen hoffen.

Wundert es jemanden, dass das Alter des ersten Geschlechtsverkehrs immer weiter sinkt?

Was wird aus Jugendlichen, die sich früh in sexuelle Beziehungen einlassen? Sie gehen ein erhebliches Risiko ein, Geschlechtskrankheiten zu bekommen, die explosionsartig ansteigen. Sie haben wenig Antrieb und Energie, einen Freundeskreis aufzubauen und ihre Interessen zu entfalten. Stattdessen versuchen sie, in einer Clique sozial zu überleben, die oft genug auf Alkohol- und Drogenkonsum dringt. Ihre Leistungsfähigkeit wird reduziert, weil ihre Energie in „Beziehungskisten" gefangen ist.

Manche gehen von Enttäuschung zu Enttäuschung und lernen die Liebe nie kennen. Wenn sie ins Alter kommen, in dem es ansteht zu heiraten, sind sie so verletzt, dass sie das nicht mehr wollen. Andere haben eine Liebesbeziehung, ziehen vielleicht sogar mit dem Partner zusammen. Es entsteht eine tiefe Bindung ohne ein bindendes Ja. Wenn dann einer bereit wird zu heiraten – eher die Mädchen als die Jungen –, der andere aber sagt: „Tut mir leid, so war's nicht gemeint", kann der Schmerz so groß sein, dass der abgelehnte Partner ein solches Risiko nicht noch einmal eingeht. Die amerikanische Philosophin, Janet Smith, Mitglied des Päpstlichen Rates für die Familie, sagt, amerikanische Untersuchungen hätten gezeigt, dass 75 % der Ehen von Paaren, die vor der Ehe zusammengelebt haben, innerhalb der ersten drei Jahre in die Brüche gehen. Das Ausprobieren bewährt sich nicht.

Ein Kind zu bekommen, ist bei alledem das Schlimmste, was passieren kann. Zu allen Zeiten wurden Kinder als Segen betrachtet. Die Frauen der Bibel fühlten sich von Gott gestraft, wenn sie keine Kinder bekommen konnten. In unserer Kultur, in der die Jugendlichen systematisch in die Frühsexualität hineingetrieben werden, begegnet das junge Mädchen dem Kind zuerst als Fluch, dem sie durch Verhütung oder notfalls Tötung zu entrinnen sucht. Die Verkehrung von Segen in Fluch fällt nun auf die Gesellschaft zurück.

Keine Lust auf Kinder

Angesichts der tiefen Verletzungen durch Scheidung und bindungslose Jugendsexualität ist es nicht erstaunlich, dass der Wunsch nach Kindern immer mehr zurückgeht.

Bisher haben Umfragen ergeben, dass die meisten Menschen trotz allem noch Familie und Kinder haben wollen. Aber die Studie des Bundesinstituts für Bevölkerungsforschung von 2005 zeigt: Der Kinderwunsch nähert sich der niedrigen Geburtenrate. Ein erheblicher Teil der Männer und Frauen zwischen 20 und 39 Jahren will überhaupt keine Kinder mehr, nämlich 26 % der Männer und 15 % der Frauen. Das heißt, von den Frauen, die Kinder haben wollen, stößt jede vierte auf einen Mann, der sagt: „Mit mir nicht!", und zu den Männern, die Väter werden wollen, sagt jede siebte Frau: „Ich will kein Kind!" Die Studie kommt zu dem Schluss, dass es „der Faktor Selbstverwirklichung ist, der eine Ablehnung der Familiengründung stützt".

Werden die Frauen direkt gefragt, welche Gründe gegen ein (weiteres) Kind sprechen, so steht an erster Stelle die Antwort: „Ich lebe alleine und habe keinen festen Partner." Diese Begründung kommt vor Zukunftssorgen und Erhaltung des Lebensstandards.

Wundert uns das, wenn wir bedenken, wie viele Enttäuschungen und Verletzungen junge Menschen schon erlebt haben, bevor sie ins Heiratsalter kommen? Sie haben oft kein Vorbild in ihren Eltern, haben kein festes emotionales Fundament, sie werden von den Medien und dem Sexualkundeunterricht zur Frühsexualität verleitet, haben nie etwas über den Wert von Jungfräulichkeit vor der Ehe, über Keuschheit und Reinheit gehört, glauben, dass sie durch Ausprobieren den richtigen Partner finden, und haben schließlich Angst vor Bindung und vor Verantwortung für Kinder.

Das sind Aussagen über die Entwicklungstendenzen in unserer Gesellschaft, keine Aussagen, die für jeden Einzelnen gelten. Gewiss kann man aus Enttäuschungen lernen, und manche voreheliche Beziehung kann zu einer guten Ehe werden. Vor allem ist immer und zu jeder Zeit Umkehr möglich. Dafür allerdings bedarf es der Öffnung für den Heiligen Geist.

Wir brauchen eine Reinheitsbewegung

Das Gesagte müsste jedem, der nicht ein Eigeninteresse an der fortschreitenden Sexualisierung hat, deutlich machen: Es ist höchste Zeit, aufzuwachen, aufzustehen und das Fundament einer Kultur des Lebens neu aufzubauen. Die Beschädigung des Fundaments ist so reibungslos gelungen, weil wir Sexualität für Privatsache halten, die sie ja auch ist und sein soll, wenn sie sich in die rechte Ordnung des Menschenlebens einfügt. Da die Sexualisierung und Homosexualisierung unserer Gesellschaft alle Grenzen dieser Ordnung sprengt und die Familie als Keimzelle der Gesellschaft zerstört, ist es notwendig geworden, das moralische Territorium unserer Kultur zurückzuerobern. Sexualität ist ein öffentliches Thema, wie uns die Homoparaden durch die Hauptstraßen unserer Städte längst zeigen.

Angesichts der Übermacht der Kräfte, die unser Volk, insbesondere die Jugend, immer weiter in die Sexualisierung treiben, mag ein solcher Kampf aussichtslos erscheinen. Unwin sagt: „Die Einführung von Enthaltsamkeit in eine Gesellschaft, die an sexuelle Freiheit gewöhnt ist, ist die wichtigste und die schmerzhafteste aller sozialen Revolutionen." (Unwin, S. 354) Wir haben zugelassen, dass eine ideologische Gehirnwäsche stattgefunden hat und ein Klima der Angst entstanden ist, in dem sich die meisten Menschen nicht mehr trauen, sich gegen die Homosexualisierung der Gesellschaft zu wenden. Wer dies in Politik, Medien oder Erziehungssystem tut, wird kaltgestellt. Mit den Auerbacher Schulschwestern und Rocco Buttiglione wurde ein Exempel statuiert: *Wagt es bloß nicht. Ihr verliert eure berufliche Existenz!* Ein solches Klima der Angst ist Anzeichen einer totalitären Entwicklung. Niemand glaube, dass sie da Halt macht, wo sie jetzt steht. Als ich Volker Beck, den Vorsitzenden der Grünen und Vorkämpfer der Pädophilen, anlässlich der Stiefkindadoption sagen hörte: „Wir werden nicht Halt machen, bis wir alles erreicht haben", lief es mir kalt über den Rücken.

Aber machen wir uns klar: Es ist eine kleine Minderheit der Bevölkerung, die strategisch äußerst effektiv vorgegangen ist, um unsere Werteordnung zu pervertieren. Wir, die wir Familie wollen, die wir Kinder wollen, die wir eine Zukunft wollen, in der es Glauben gibt und die Liebe nicht erkaltet, wir sind in der Mehrheit. Wir müssen aufhören zu schweigen. Es gibt Länder, in denen das bereits geschieht: in den Vereinigten Staaten und in Spanien. Hunderttausende haben Ende Juni 2005 in Madrid gegen die Homoehe mit Adoptionsrecht demonstriert, wenn auch noch ohne Erfolg. Das Gesetz wurde von der sozialistischen Regierung beschlossen. Aber der Widerstand hat sich formiert. Die weiteren Aktionen der Sexaktivisten werden nicht mehr so glatt durchgehen wie ein Messer durch die Butter.

Auch wenn die Übermacht erdrückend erscheint, so kann doch den Einzelnen keine Macht der Welt daran hindern, seine Sexualität in die Liebe und die Liebe in die Ehe zu integrieren. Es ist schwer, vielleicht der schwerste Teil der Umkehr, wenn jemand in ungeordneten sexuellen Beziehungen lebt, die sich im Handumdrehen in Sucht verwandeln können. Aber wir haben Hilfe, mehr und bessere Hilfe als je zuvor. „In der Not wächst das Rettende auch", sagt der Dichter Hölderlin. Der heilige Paulus drückt es so aus: „Wo jedoch die Sünde mächtig wurde, da ist die Gnade übergroß geworden" (Röm 5,20b).

Die Theologie des Leibes

Böses Handeln beginnt mit bösem Denken und gutes Handeln mit gutem Denken. Johannes Paul II. hat das Licht des Heiligen Geistes auf die Sexualität geworfen wie niemand zuvor. In der Erkenntnis, dass die Lehre von *Humanae Vitae* zwar wahr ist, aber einer neuen Vermittlung bedarf, entwickelte er in den Mittwochskatechesen der ersten fünf Jahre seines Pontifikats die „Theologie des Leibes". George Weigel, der Biograph

Johannes Pauls II., hält die Theologie des Leibes „für eine theologische Zeitbombe, die mit dramatischen Konsequenzen irgendwann im dritten Millennium der Kirche hochgehen wird". (George Weigel, *Zeuge der Hoffnung*, S. 358) Dieses „Irgendwann" ist mit dem Tod Johannes Pauls des Großen zum Jetzt geworden. Das Weizenkorn ist in die Erde gefallen und bringt Frucht. Die Theologie des Leibes antwortet auf die wahre Sehnsucht des menschlichen Herzens nach Liebe und legt das Fundament für ein erfülltes Menschenleben, ja für eine Kultur des Lebens.

Immer wieder gab es im Laufe der Kirchengeschichte Lehren und Bewegungen, die ein Grundmisstrauen gegen den Körper geschürt haben. Der Manichäismus, der lehrt, der Geist sei Gott ähnlich, das Fleisch aber böse, spukt noch immer in katholischen Köpfen herum und noch mehr in den Vorurteilen über das, was katholisch ist. Aber wie könnte der Körper böse sein, wenn Gott selbst einen menschlichen Körper annimmt, um sich zu offenbaren und die Menschen zu erlösen?

Johannes Paul zeigt: Gerade im Leib offenbart sich Gott. Der Leib ist ein sakramentales Zeichen, er offenbart die göttliche Wirklichkeit. Gott hat den Menschen als Mann und Frau erschaffen, weil er ihn für die Liebe geschaffen hat, für die freie Selbsthingabe an den anderen. Der Höhepunkt und Inbegriff der Selbsthingabe zwischen Mann und Frau ist der sexuelle Akt.

Johannes Paul entfaltet die Beziehung zwischen Mann und Frau in den drei Stufen der menschlichen Existenz, wie sie uns durch die Bibel offenbart wird:

der Mensch im Paradies, der Mensch in der Geschichte und der Mensch in der Ewigkeit.

Wenige Herrenworte werden für Johannes Paul zu einem Fenster, durch das er den Blick auf die wahre Bestimmung des Menschen lenkt. Ohne Scham standen Adam und Eva nackt im Blick Gottes und nackt voreinander. In freier Selbsthingabe wurden sie ein Fleisch.

Mit dem Sündenfall kam die Scham. Adam und Eva verhüllen sich voreinander und verstecken sich vor Gott. Was ist geschehen? Die Begierde hat sich in ihr Herz geschlichen. Die sexuelle Anziehung, die beide füreinander empfinden, äußert sich nicht mehr in staunender Wahrnehmung der Schönheit des anderen als einer von Gott geschaffenen Person, sie löst nicht mehr den Impuls aus, sich dem anderen zu schenken, vielmehr wird sie zum Trieb, sich des anderen zur Befriedigung der eigenen Lust zu bemächtigen. Die Würde der Person wird verletzt, denn sie wird zum Objekt degradiert. Das menschliche Herz wird zum Kampfplatz zwischen Liebe und Lust.

Der Ausweg für die gefallenen Menschen, die wir sind, ist die Wiedergewinnung der Reinheit des Herzens. Darum geht es Jesus, wenn er das Verbot des Ehebruchs noch scheinbar verschärft mit den Worten: „Ich aber sage euch: Wer eine Frau auch nur lüstern ansieht, hat in seinem Herzen schon Ehebruch mit ihr begangen“ (Mt 5,28).

Jesus will uns kein unerträgliches Joch auferlegen. Er hat ja versprochen: „Mein Joch drückt nicht, und meine Last ist leicht“ (Mt 11,30). Vielmehr weist Jesus den Weg der Befreiung der Liebe aus der Versklavung an die Lust, so dass die Lust zum Ausdruck der Liebe werden kann. Dann ersehnt das Paar die körperliche Vereinigung, weil sie einander lieben, nicht weil sie sich miteinander befriedigen wollen. Mann und Frau begegnen einander mit reinem Herzen. Das ist der Stoff, aus dem gute Ehen gemacht sind.

Liebe heißt, dass Mann und Frau sich einander ganz schenken und ganz annehmen. Sie begegnen sich ebenbürtig und ergänzen sich in ihrer wesenhaften Verschiedenartigkeit. „Nur Dank der Dualität von männlich und weiblich verwirklicht sich das Menschliche voll", schreibt Johannes Paul II. in seinem *Brief an die Frauen* vom 29. Juli 1995. Liebe wird dann zum Abglanz der Liebe Gottes, wenn der Mensch so liebt wie Gott: frei, vorbehaltlos, treu und fruchtbar. Dazu ist der Mensch berufen und nur so erfüllt sich seine tiefste Sehnsucht. Das aber fällt niemandem als Spaß und Vergnügen in den Schoß. Eine solche Liebe muss mit der Gnade Gottes gelernt und errungen werden. Das ist der Preis der menschlichen Freiheit. Es verdunkelt die Liebe, wenn sie nicht offen ist für die Zeugung neuen Lebens. Verhütung ist für uns so selbstverständlich, dass wir gar kein Empfinden mehr dafür haben, dass wir uns gegen die Liebe versündigen könnten.

Papst Johannes Paul spricht von der Sprache des Körpers, die wahrhaftig sein kann oder lügnerisch. Im sexuellen Akt soll der Körper das Ja, das die Brautleute am Altar gesprochen haben, erneuern und ausdrücken. Verhütung aber verkehrt das Versprechen in ein Nein: Ich will dich, aber deine Fruchtbarkeit lehne ich ab.

In der Enzyklika *Humanae Vitae* heißt es: „Die Verknüpfung zwischen liebender Vereinigung und Fortpflanzung darf der Mensch nicht eigenmächtig lösen."

Er *darf* sich aber die heute sehr präzisen Erkenntnisse über den Fruchtbarkeitszyklus der Frau zunutze machen, um verantwortliche Elternschaft zu praktizieren, das heißt, die Zahl der Kinder dem Wohl der ganzen Familie anzupassen. Diese Methode heißt Natürliche Empfängnisregelung (NER). Sie ist sicherer als die Pille und hat nur gute Nebenwirkungen. Aber NER ist weitgehend unbekannt, weil man kein Produkt verkaufen kann. Mann und Frau bezahlen nicht in Euro, sondern mit periodischer Enthaltsamkeit. Ehepaare, die die Natürliche Empfängnisregelung entdeckt haben, berichten, dass sich ihre Liebe dadurch erneuert und vertieft.

Wir sehen: Die christliche Morallehre, die uns wie ein Kodex von Verboten erschien, hat in Wahrheit nur einen Zweck, den Menschen auf den Höhenweg der Liebe und die Kultur zur Blüte zu führen. Unwin, dem die Ergebnisse seiner Forschung gegen den persönlichen Strich gingen, hat gezeigt, dass Keuschheit vor der Ehe und Monogamie in der Ehe die Bedingung kultureller Entfaltung sind. Halten wir uns daran, dann erfüllt sich die Verheißung Jesu: „Ich bin gekommen, damit sie das Leben haben und es in Fülle haben" (Joh 10,10b).

Wir haben die Erkenntnis über die Folgen unseres falschen Handelns, wir besitzen das Wissen, wie wir richtig handeln können, wir bedürfen der Gnade, um es zu tun.

Was können wir tun?

Revolutionäre wollen in der Regel mit Gewalt die Welt verändern, aber nicht sich selbst. Daran scheitern die hehren Ziele, wie die Welt zuletzt am Aufstieg und Fall des Kommunismus beobachten konnte. Eine Reinheitsbewegung der jungen Generation kann nur von

Menschen getragen werden, die diese Umkehr in ihrem eigenen Leben vollzogen haben. Dann sehen sie klar und dann haben sie die Kraft zu handeln. Die Option der Reinheit muss in der Gesellschaft aufleuchten.

Wer aktiv werden will, braucht Wissen: Theologie des Leibes, Natürliche Empfängnisregelung, die grundlegenden Schriften des Lehramtes wie *Humanae Vitae, Familiaris Consortio, Evangelium Vitae, Splendor Veritatis.*

Wir brauchen Seminare, die dieses Wissen vermitteln, und Seminare, die konkret zur Umkehr anleiten und einen Weg der Heilung für seelische Verletzung durch falsch gelebte Sexualität anbieten.

Wer kann der Träger sein? Man würde meinen, die Kirchen oder wenigstens die katholische Kirche, die ein Lehramt besitzt, welches die katholische Morallehre zum Ärgernis der Welt unbeirrt verkündet. Ihre Präsenz reicht noch in die Dörfer, in jeder Stadt gibt es ein katholisches Bildungswerk, Pfarrer haben jeden Sonntag die Gelegenheit, die Wahrheit des Evangeliums zu verkünden. Aber seit in der „Königsteiner Erklärung" die Frage der Verhütung dem Gewissen des Einzelnen überantwortet wurde, sind der kirchlichen Verkündigung die Zähne ausgefallen. Die Entwicklung der letzten vier Jahrzehnte hat sich vollzogen, ohne dass von der Kirche ernsthafter Widerstand geleistet worden wäre. Die Kulturrevolution ist ohne Kulturkampf über die Bühne gegangen. Dahinter steht wohl die Angst, den Großteil der Gläubigen, die mit der Zeit gehen, zu verlieren. Aber ist es nicht an der Zeit zu erkennen, dass die Kirche gerade durch ihre Anpassung an den Zeitgeist ihre Ausstrahlung, ihre Anziehungskraft verloren hat? Wenn sie dem Zeitgeist hinterherläuft, rennen die

Menschen weg, wenn sie in der Wahrheit bleibt, wird sie magnetisch. Könnte ihr beispielloser Niedergang seine Ursache nicht gerade darin haben?

Seit dem Tod von Johannes Paul dem Großen und dem Amtsantritt seines kongenialen Nachfolgers hat sich der Kairos, so scheint mir, geändert. Vielleicht finden sich Bischöfe, die ein Institut Johannes Paul II. gründen, von dem aus das Territorium zurückerobert werden kann.

Einstweilen müssen wir Laien aktiv werden. Jeder von uns hat einen Mund, den er öffnen kann, in den Familien, in den Schulen, am Arbeitsplatz, im Freundeskreis. Wir müssen riskieren, lächerlich gemacht und ausgegrenzt zu werden. Wenn wir den Mut dazu jetzt nicht aufbringen, werden sich die totalitären Tendenzen so verstärken, dass es Helden braucht, um Widerstand zu leisten.

Eltern haben, oft gegen ihr inneres Empfinden, weitgehend klein beigegeben, was die Medien angeht und das Tolerieren sexueller Beziehungen ihrer Kinder im eigenen Haus. Da wir in einer Zeit leben, in der es legal und allgemein akzeptiert ist, dass die Medien Pornographie, Gewalt und Blasphemie verbreiten, muss der Gebrauch der Medien kontrolliert und müssen die Jugendlichen zu einem verantwortungsvollen Umgang mit den Medien erzogen werden. Dafür gibt es kein Patentrezept, und der Umgang mit den Medien ist in fast jeder Familie eine Quelle des Konflikts. Wenn wir sexuelle Beziehungen der Kinder im eigenen Haus nicht dulden, werden wir sie vielleicht seltener sehen, weil ihnen im Haus des Freundes oder der Freundin das Bett gemacht wird. Aber sie bekommen einen Maßstab, der sie nicht im Dunkeln tappen lässt. Entscheidend ist, dass Kinder, was immer sie tun oder lassen, konkret erfahren, dass sie geliebt sind.

Familien, denen es gelingt, zu Hause eine Atmosphäre zu schaffen, in der Tugenden gelernt werden können, die auf Ehe und Familie vorbereiten, sind einem ungeheuren Druck der Außenwelt ausgesetzt. Im Sexualkundeunterricht wird das, was sie aufgebaut haben, wieder eingerissen. Wir brauchen Elterninitiativen, die den Sexualkundeunterricht verweigern und Alternativen fordern. Das Programm von *Teenstar* ist eine solche Alternative. Wir brauchen keine Einführung in Verhütungsmethoden und keine Anregung zur freien Wahl der sexuellen Orientierung, sondern einen Unterricht, der die Jugend zur Wertschätzung der Fruchtbarkeit und zur Ehrfurcht vor dem Leben erzieht, der über die schlimmen Folgen unreifer sexueller Beziehungen und der Abtreibung aufklärt, der die Schönheit eines reinen, keuschen Lebens vermittelt, der auf die Ehe und auf verantwortliche Elternschaft vorbereitet.

Wir brauchen öffentlichen Widerstand auf der Straße, wie er gerade in Spanien gegen das Gesetz zur Homoehe organisiert wurde. Die 68er waren auf der Straße, die Homos sind auf der Straße, wir Christen sitzen voller Menschenfurcht in den Mauselöchern. Das kann und muss sich ändern. Wenn wir nicht zum Ärgernis werden, nimmt uns niemand ernst. Suchen wir Bündnisse, wo immer sie in der Sache möglich sind. Katholiken können mit Evangelikalen und Muslims in diesen Fragen durchaus an einem Strang ziehen.

Je jünger jemand ist, umso mehr Autorität hat er in diesem Kulturkampf. Wie würden *Bravo* oder *Popcorn* reagieren, wenn tausend Jugendliche vor ihrem Redaktionsgebäude skandierten: „Jugend-ver-der-ber, Jugend-ver-der-ber"? Jugendliche, die aus dem Sexzirkus aussteigen oder besser erst gar nicht einsteigen, sind zunächst Außenseiter. Sie haben jedoch mehr Energie, mehr Lebensfreude, eine fröhliche, reine Ausstrahlung – beste Voraussetzungen, um Gleichaltrige für einen neuen Lebensstil der Reinheit zu begeistern. Vom Außenseiter werden sie bald zur Führungspersönlichkeit, zunächst in ihrem sozialen Umfeld, später in der Gesellschaft. J. D. Unwins hat festgestellt: „Die gesellschaftliche Gruppe übernimmt die Herrschaft, die striktere sexuelle Normen befolgt." (Unwin, S. 369)

Der Weg ist schmal und steil, aber die Sehnsucht des Herzens, die kommende Not, die natürlichen Lebenskräfte und Gott sind auf der Seite derer, die den Höhenweg der Liebe gehen wollen.

„Gott ist die Liebe, und wer in der Liebe bleibt, bleibt in Gott, und Gott bleibt in ihm" (1 Joh 4,16). Mit diesen Worten aus dem ersten Johannesbrief beginnt Papst Benedikt XVI. seine erste Enzyklika *Deus caritas est*. Er weist den Weg, wie Liebe gelebt werden muss, „damit sich ihre menschliche und göttliche Verheißung erfüllt". Der Mensch ist aus Leib und Seele gefügt und „wird dann ganz er selbst, wenn Leib und Seele zur inneren Einheit finden." Den Aufstieg von Eros zu Agape beschreibt der Papst als einen lebenslangen Weg der Reinigung und Reifung „aus dem in sich verschlossenen Ich zur Freigabe des Ich, zur Hingabe und so gerade zur Selbstfindung, ja, zur Findung Gottes".

Wir leben in einer Zeit der Verwirrung und Verdunkelung dessen, was wahr und rein und schön ist. Aber gleichzeitig leuchtet im Werk Johannes Pauls II. der Weg der Liebe zwischen Mann und Frau auf, wie nie zuvor. Jeder Mensch ist frei, ihn zu gehen und andere mit der Freude anzustecken, welche die Erfüllung unserer tiefsten Sehnsucht schenkt.

Sexuelle Reinheit und Evangelisation

Die sexuelle Revolution, die sich in unserer Lebenszeit vollzieht, greift den Kern des Menschen an. Sie hat Auswirkungen auf alle Lebensbereiche: auf die Frage, wer der Mensch ist, auf seine Beziehung zu Gott, zu den Nächsten, auf die Zukunft von Familie und Nation. Johannes Paul II., der den Terror der „Ideologien des Bösen" im zwanzigsten Jahrhundert am eigenen Leib erlebt hat, schreibt in seinem letzten Buch *Erinnerung und Identität* über Abtreibung und die Homosexualisierungspolitik der EU: „Es ist zulässig und sogar geboten, sich zu fragen, ob nicht hier – vielleicht heimtückischer und verhohlener – wieder eine neue Ideologie des Bösen am Werk ist, die versucht, gegen den Menschen und gegen die Familie sogar die Menschenrechte auszunutzen."[53]

Die Gender-Revolution hat sich auf Samtpfoten hinter dem Rücken der Öffentlichkeit von der EU über die staatlichen Institutionen, die Universitäten und Ausbildungseinrichtungen bis an die Basis der Schulen und Kindergärten eingeschlichen. Wer jetzt erschrocken aufwacht und Widerstand leistet, muss mit Diffamierung, Ausgrenzung, Mobbing und in manchen Ländern bereits mit Strafverfolgung rechnen. Die Verblendung ist so massiv, dass selbst die Opfer der heutigen „Ideologie des Bösen" den Schleier nicht zerreißen: 50 Millionen Abtreibungen weltweit pro Jahr, Familienzusammenbruch mit ungeheuren Folgeschä-

[53] Johannes Paul II., *Erinnerung und Identität*, Augsburg 2005, S. 26.

den, AIDS-Pandemie, demographische Wende durch Geburtenschwund und Vergreisung.

Der verantwortungsvolle Umgang mit der Sexualität, der der Würde des Menschen als Einheit von Leib und Geist gerecht wird, könnte – wenn er zur gesellschaftlichen Norm würde – von der Kultur des Todes zur Kultur des Lebens zurückführen. Die Abtreibungen würden auf einen Bruchteil sinken; AIDS hätte keine Chance; GLBTs würden ihren Neigungen im Privaten nachgehen; das Fundament der Familie würde gelegt; die Bereitschaft, in verlässlicher Bindung Kinder zu bekommen, würde steigen. Ist es nicht erstaunlich, wie viel die Menschen zu opfern bereit sind, um ihren Sexualtrieb ungehemmt ausleben zu können?

Der Sinn der Sexualität ist Liebe und Fortpflanzung, ihre treibende Kraft die Lust. Wenn aber die Lust zum Ziel der Sexualität wird, dann bleiben Liebe und Fortpflanzung auf der Strecke. Eine Gesellschaft, die aufhört, Gott als Schöpfer anzubeten, betet die menschliche Schöpferkraft an und macht sie zu einem falschen Gott. Götzen lieben den Menschen nicht, sie zerstören ihn.

Der Kampf ist nicht neu. Es zieht sich durch die ganze Bibel. Die falschen Götter der Sexualität heißen Baal und Aschera, sie wurden von den heidnischen Völkern angebetet, in deren Mitte sich das auserwählte Volk zu behaupten hatte. Immer wieder gerieten die Israeliten in Versuchung und auf Abwege, dienten den Baalen und erzürnten Gott.

Der Prophet Elija zwang sein wankelmütiges Volk zur Entscheidung. Ganz Israel versammelte er zum göttlichen Showdown auf dem Berg Karmel, auch die 450 Propheten des Baal und die vierhundert Propheten der Aschera. „Ich allein bin als Prophet des Herrn übriggeblieben; die Propheten des Baal aber sind vierhundertfünfzig“ (1 Kön 18,22). Er setzt alles auf eine Karte, auf den Glauben, dass der lebendige Gott seine Macht fŸr jedermann sichtbar kundtun wird. Dafür wirft er sein Leben in die Waagschale. Er macht dem Volk einen Vorschlag: Die Baal-Priester sollen ihrem Gott einen Opferstier darbringen und Elija dem seinen. Beide dürfen das Opferfeuer nicht selbst entzünden, sondern müssen Feuer vom Himmel erflehen. „Der Gott, der mit Feuer antwortet, ist der wahre Gott. Da rief das Volk: Der Vorschlag ist gut“ (1 Kön 18,24).

Die Baal-Priester schreien, tanzen, ritzen sich wund, bis das Blut an ihnen herabfließt, verfallen in Raserei, aber ihr Gott schweigt. Elija verspottet sie: „Er könnte beschäftigt sein, könnte beiseitegegangen oder verreist sein. Vielleicht schläft er und wacht dann auf“ (1 Kön, 8,27). Elias baut den Altar Jahwes wieder auf, legt den Stier auf das Holz, lässt dreimal Wasser darüber gießen, tritt zum Altar und betet: „Erhöre mich, Herr, erhöre mich! Dieses Volk soll erkennen, dass du, Herr, der wahre Gott bist und dass du sein Herz zur Umkehr wendest. Da kam das Feuer des Herrn herab und verzehrte das Brandopfer, das Holz, die Steine und die Erde. Auch das Wasser im Graben leckte es auf. Das ganze Volk sah es, warf sich auf das Angesicht nieder und rief: Jahwe ist Gott, Jahwe ist Gott!“ Das war – für eine Weile – das Ende der Baal-Priester. „Elija ließ sie zum Bach Kischon hinabführen und dort töten“ (1 Kön 18,37–40).[54]

---

[54] Leanne Payne, die Menschen hilft, pathologische Störungen der Sexualität zu heilen, hat entdeckt, dass die Absage an Baal dabei eine wichtige

Am Drama der Beziehung zwischen Gott und den Menschen hat sich über die Jahrtausende nicht viel geändert. Auch wir vergessen Gott zusehends und beten stattdessen die Sexualität an. Es scheint geradezu lächerlich realitätsfern, auf die Umkehr der Menschen zu setzen. Wenn wir Umkehr nicht für *möglich* halten, dann hat die herrschende Ideologie in unserem Bewusstsein gesiegt. Das einzige Land, das die AIDS-Rate erheblich senken konnte, ist Uganda, und zwar nicht in erster Linie durch Kondome, die nirgendwo einen Umschwung herbeiführen, sondern durch Abstinenzprogramme. In den USA gibt es eine starke Abstinenz-bis-zur-Ehe-Bewegung, die von der Regierung mit 800 Millionen Dollar gefördert wird und Veränderungen im Sexualverhalten der Jugend bewirkt.[55] Warum sollte es unmöglich sein, dass eine solche Bewegung auch in unserem Land entsteht und von einer zukunftsmutigen Regierung gefördert wird?

In der sexualisierten Gesellschaft, in der wir leben, hat sich die Meinung verbreitet, der Sexualtrieb wäre unbeherrschbar, es wäre ganz ausgeschlossen, von jungen Menschen zu verlangen, mit der Sexualität bis zur Ehe zu warten, es wäre gegen die Natur des Menschen und so unmöglich, als wollte man einen Fluss zwingen, aufwärts zu fließen. Der Mensch ist kein Tier: Er ist mit

---

Rolle spielt. Siehe ihr erhellendes Buch:
Heilende Gegenwart. Heilung des Zerbrochenen durch Gottes Liebe. Neukirchen-Vluyn 1999.

[55] Drei Abstinence-until-marriage-Programme sind: *WAIT* (Why Am I Tempted?), *Why kNOw*, and *Heritage Keepers*. Siehe Studie des Centers for Disease Control zur sexuellen Aktivität von Teenagern in den USA: www.cdc.gov/nchs/data/series/sr_23/sr23_024FactSheet.pdf

Willensfreiheit ausgestattet und kann mit seiner Freiheit verantwortlich umgehen, insbesondere so, dass seine Entscheidungen hingebungsvolle Liebe ermöglichen.

Ein Haus zu bauen, dauert länger, als es abzubrennen. Die jüdisch/christliche Sexualethik zur kulturprägenden Kraft zu machen, war ein Werk von mehreren Jahrtausenden, sie einzureißen ein Werk von ein paar Jahrzehnten.

Jetzt müssen wir erkennen: Dem Kampf gegen die Gender-Revolution können wir als Christen nicht ausweichen, wenn wir wollen, dass wir und unsere Kinder in einer christlichen Kultur leben. Die Sexualmoral hat Christen schon immer von den Heiden unterschieden, und schon immer waren sie genau deswegen den Heiden ein Dorn im Fleisch. Sie wurden verfolgt bis in den Tod und hatten dennoch die Kraft, die Kultur ganzer Erdteile zu prägen.

Die Christen haben sich, verunsichert, wenn nicht verführt durch den Zeitgeist und geschwächt durch die zwiespältige Haltung der Kirche, in die Defensive drängen lassen. Mit der Königsteiner Erklärung (entsprechende Verlautbarungen gab es auch in anderen Ländern), haben die deutschen Bischöfe Papst Paul VI. die Gefolgschaft bei der Enzyklika *Humanae Vitae* verweigert.[56] Das Ergebnis ist, dass die Sexualmoral kaum mehr ein Thema der Verkündigung ist. Wer an der Lehre der Kirche zur Sexualmoral festhält, sie verkündet und in der Jugendarbeit danach handelt, muss mit Schwierigkeiten von vier Seiten rechnen: den Eltern, dem Pfarrgemeinderat, den Medien und vielleicht sogar

[56] Siehe dazu im Anhang die *Resolution zur Königsteiner Erklärung* des Kongresses „Freude am Glauben“ 2006.

den Vorgesetzten in der kirchlichen Hierarchie. Eine eigenartige Situation ist entstanden: Die Kirche wird ununterbrochen für etwas angegriffen, was in weiten Teilen des Kirchenvolkes nicht mehr gelebt wird.

Doch dieses Großexperiment im Ungehorsam gegen das Lehramt der Kirche ist gescheitert. Christentum light funktioniert nicht. Das Einzige, was es bewirkt, ist, dass die Menschen massenhaft vom Glauben abfallen und die Berufungen zum geweihten Leben dramatisch zurückgehen. Sex vor der Ehe, Sex außerhalb der Ehe, unverheiratet zusammenleben, künstliche Verhütung, Homosexualität, Alltagspornographie – alles heute ganz normal – verhindert die persönliche, lebendige Beziehung zu Jesus Christus. Wer in ungeordneter Sexualität lebt, muss selektiv mit der Botschaft Jesu umgehen. Wer aber selektiv mit der Botschaft Jesu umgeht, kann ihm nicht nachfolgen – aber er kann immer, bis zum letzten Atemzug, umkehren.

Jesus erhebt einen Anspruch, den außer ihm nie ein Mensch erhoben hat, denn nur Gott kann ihn erheben: „Ich bin der Weg und die Wahrheit und das Leben. Niemand kommt zum Vater außer durch mich" (Joh 14,6). Wenn er die Wahrheit *ist*, dann können wir nicht darüber verfügen, welcher Teil der Wahrheit uns angenehm ist und welcher nicht. Tun wir es doch, so sind wir nicht auf dem Weg, der Er *ist*. Die Folge ist, dass das Leben gefährdet wird durch Abtreibung, Euthanasie, Geburtenschwund.

Die Grauzone des lauen Christentums bringt keine Früchte hervor – der Heilige Geist kann seine Gaben nicht schenken. Priester lassen ihre Vollmacht, Sünden zu vergeben, oft brachliegen und verlieren ihre Vollmacht, zu heilen und zu befreien. So wird das Zeugnis für die unfassbar große Begnadigung des Christen verdunkelt.

Paulus sagt im Römerbrief: „Denn ihr habt nicht einen Geist empfangen, der euch zu Sklaven macht, so dass ihr euch immer noch fürchten müsstet, sondern ihr habt den Geist empfangen, der euch zu Söhnen macht, den Geist, in dem wir rufen: Abba, Vater! So bezeugt der Geist selber unserem Geist, dass wir Kinder Gottes sind. Sind wir aber Kinder, dann auch Erben; wir sind Erben Gottes und sind Miterben Christi, wenn wir mit ihm leiden, um mit ihm auch verherrlicht zu werden" (Röm 8,15–17).

Jahrhundertelang haben wir in einer Kultur gelebt, in der der christliche Glaube gratis in die Wiege gelegt wurde, und haben uns daran gewöhnt, nicht dafür leiden zu müssen, dass wir zu Erben Gottes berufen sind. Das ändert sich gerade. Je stärker die Ausgrenzung von Christen wird, umso mehr wird sich die Grauzone auflösen: Die einen werden auf das Erbe verzichten, weil ihnen die Anforderungen, die daraus erwachsen, zu teuer erscheinen; bei den anderen, die die ganze Botschaft annehmen und leben, werden die Gaben des Heiligen Geistes neu aufbrechen und zu den Menschen weiterfließen, die in Not sind.

Wenn der Heilige Geist die persönliche Beziehung zu Jesus gezündet hat, dann fallen der Person die Schuppen von den Augen. Plötzlich leuchtet im Herzen auf, zu welcher Liebe wir berufen sind. Es wird möglich und dringend, die eigenen Liebesbeziehungen in die Ordnung des Evangeliums einzufügen.

Weil das so ist, setzen die neuen geistlichen Gemeinschaften bei ihren Bemühungen um Neuevangelisation alles auf die Zündung der persönlichen Beziehung zu Jesus. Sie wissen, dass die hohen moralischen Anforderungen ein „leichtes Joch" werden, sobald es mit Jesus „gefunkt" hat. Geistliche Gemeinschaften erwarten von ihren Mitgliedern, nach den Geboten der Kirche zu leben, aber sie machen die Reinheit bisher nicht zu einem Thema der Evangelisation.

Kann der Weg der Reinheit zum Ansatzpunkt der Evangelisation werden?

Das Evangelium ist die Frohe Botschaft für alle Menschen, die unter den Belastungen eines Lebens abseits von Gott unfroh geworden sind. „Das geknickte Rohr zerbricht er nicht, und den glimmenden Docht löscht er nicht aus" (Jes 42,3). Wer von den Menschen gehört werden will, muss eine Antwort auf die spezifische Not der Zeit geben. Die Verführer und falschen Propheten bieten einen Weg sofortiger Abhilfe an, der keine persönliche Umkehr verlangt. Wer auf diesen Leim geht, stellt dann, wenn er klebt, fest, dass er für die Machtinteressen der Verführer missbraucht wurde. Die Verkünder der Frohen Botschaft geben auch eine Antwort auf die Not der Zeit. Sie allerdings verlangt vom Einzelnen die Umkehr.

Die größte seelische Not unserer Zeit sind die zerbrochenen Familien und das Beziehungschaos, das daraus folgt. Diese Not wird nicht kleiner, wenn die Familie von postmodernen Ideologen und Parteiprogrammen zum alten Eisen der Geschichte geworfen wird. Die Familien gehen vor allem deswegen kaputt, ja, sie werden erst gar nicht mehr gegründet, weil die Sexualität aus ihrer zweifachen Bestimmung herausgebrochen wurde: der vorbehaltlosen Hingabe von Mann und Frau und der Offenheit für neues Leben. Ein Mensch, der in der eigenen Familie keine Zugehörigkeit hat, ist anfällig für Angst, für Depression, für psychische Krankheiten, für politische Vereinnahmung. Dagegen hat – wie Frank Schirrmacher in seinem Bestseller *Minimum*[57] nachweist – ein Mensch, der in einem solidarischen Familienzusammenhang eingebunden ist, in akuten Krisensituationen deutlich höhere Chancen zu überleben.

Deswegen ist die Not zerbrochener Beziehungen ein wichtiger Ansatzpunkt der Evangelisierung der Jugend. Jeder kennt Jugendliche, die im Beziehungschaos unglücklich sind und die Lösung immer nur in einer neuen Beziehung suchen. Sie müssen erfahren, dass es einen anderen Weg gibt, den Weg der Reinheit, der die Würde der Person ins Zentrum stellt. Sexualität findet in unserer verkehrten Welt auf dem Marktplatz statt. Daher müssen auch wir auf den Marktplatz gehen und dort den jungen Menschen sagen: Schau, hier ist der Weg, auf dem sich deine Sehnsucht nach Liebe erfüllt.

Junge Menschen wollen die Welt besser machen. Sie wollen es besser machen als ihre Eltern. Sie wollen zu neuen Ufern aufbrechen, Grenzen überschreiten. Sie wollen gefordert werden und etwas Großes leisten.

Der Weg der Reinheit ist ein heroisches Unternehmen in unserer Zeit. Sie ist kein privates Nebenergebnis der Bekehrung, sie ist eine politische Tat, die die Kultur des Lebens aufbaut, weil sie das Fundament ist, auf dem eine Familie gegründet und gelebt werden kann. J.

[57] Frank Schirrmacher, *Minimum. Vom Vergehen und Neuentstehen unserer Gemeinschaft*, München 2006.

D. Unwin schreibt: „Die Einführung partieller sexueller Enthaltsamkeit in eine Gesellschaft, die an sexuelle Freiheit gewöhnt ist, ist die wichtigste und die schmerzhafteste aller sozialen Revolutionen."[58]

Christen müssen sich nicht rechtfertigen, wenn sie der Sexualmoral der Kirche treu sind. Ganz im Gegenteil! Sie gehen den Höhenweg der Liebe. Sie gehen ihn erhobenen Hauptes und geben jedem Auskunft, der nach dem Grund des gelingenden Lebens fragt. Die Reinheit verleiht dem Christsein die Schönheit und die Freude, die nach außen strahlen. In dem Maß, in dem sie der Einzelne oder eine Gemeinschaft lebt, haben sie Integrität und Kraft. Reinheit glänzt, und Glanz zieht an.

So könnte es gehen: Geistliche Gemeinschaften erkennen die zentrale Bedeutung der Reinheit für den Einzelnen, für die Gemeinschaft, für die Gesellschaft. Sie gehen, wenn es denn nötig ist, selbst durch einen Prozess der Reinigung und gewinnen dadurch Kraft und Eindeutigkeit in der Verkündigung. Sie schulen ihre Mitglieder in Fragen der Sexualität, Ehe und Familie und heben so den Schatz, den uns Johannes Paul II. mit der Enzyklika *Familiaris Consortio* (u. a.) und der *Theologie des Leibes* hinterlassen hat. Sie bieten Kurse an, in denen altersspezifisch der Weg der Reinheit gelehrt wird. Reinheit wird zu einem öffentlichen Thema. Es gibt Konferenzen, Schulungen, Evangelisationseinsätze. Die Medien werden aufmerksam. Die Bischöfe werden aufmerksam und stellen finanzielle Mittel zur Verfügung. Sie gründen ein „Institut Johannes Paul II.". Es bildet Multiplikatoren aus, veranstaltet Fortbildungen

---

[58] J. D. Unwin, *Sex and Culture,* S. 354.

für Priester und alle, die mit der Jugend arbeiten, führt sozialwissenschaftliche Untersuchungen durch, wird zu einer unüberhörbaren Stimme in der Öffentlichkeit. In den Diözesen werden Tochterinstitute gegründet. Sie kooperieren eng mit den geistlichen Gemeinschaften und weitsichtigen Politikern. Eine Bewegung entsteht. Sie entwickelt und fordert und kämpft für veränderte Curricula in den Schulen: Familienkunde statt Sexualkunde. Ein erkennbarer Lebensstil bildet sich heraus. Der Weg der Reinheit wird in der Gesellschaft sichtbar und zu einer realen Option für alle, die nicht unter die Räder der familienzerstörenden Gender-Revolution kommen wollen.

Traum oder Vision? Kämpfen wir den guten Kampf! Es ist nur dann ein aussichtsloser Kampf, wenn wir glauben, wir müssten ihn aus eigener Kraft gewinnen. Der Erfolg liegt in Gottes Hand. Mit jeder Person, die umkehrt, bricht schon jetzt das Reich Gottes an.

Angenommen, es gibt Gott, den Schöpfer des Himmels und der Erde, und angenommen, er schuf „den Menschen als sein Abbild; als Abbild Gottes schuf er ihn. Als Mann und Frau schuf er sie“ (Gen 1,27), dann hat die Rebellion gegen Gott mit dem Versuch, den Menschen zu klonen, und dem Anspruch, das eigene Geschlecht selbst zu bestimmen, ihren absoluten Höhepunkt erreicht. Die Bibel ist von Anfang bis Ende ein Dokument dafür, dass die Rebellion gegen Gott immer zum Schaden des Menschen ausgeht. Schauen wir auf den Zustand der Welt und fassen wir die Prophezeiungen der Bibel ins Auge (u. a. Lk 21, Mt 24, Offenbarung), dann schreiben wir heute ein neues Kapitel dieser Geschichte.

Wir wissen nicht, an welchem Punkt der Zeit wir stehen, wie fern oder wie nah wir dem Ende der Zeit sind. Für Christen ist das Ende immer nah. Und weil wir unseren Anker über das Ende der Zeit hinausgeworfen haben, leben wir in der Hoffnung. Walter Nigg schreibt: „Solange sie [die Christen] den Glauben an das Reich nicht aufgeben, sind sie unüberwindbar."[59] „Es ist nicht eine jener kleinen, innerweltlichen Hoffnungen, mit denen die Menschen gewöhnlich ihr armes Dasein notdürftig zu erwärmen suchen, es ist die über die Erde hinausgreifende Hoffnung, die auf der Grundlage der göttlichen Zusicherung beruht und das Höchste in sich schließt."[60]

Christen, die glauben, was sie im Credo bekennen, erwarten die Wiederkunft des Herrn. Sie leben in der Gewissheit, dass die Geschichte gut ausgehen wird, dass Jesus Christus, der Tod und Teufel am Kreuz überwunden hat, siegt. Herrliche Bilder der Hoffnung senkt uns die Bibel ins Herz: die ewige Stadt, das neue Jerusalem, ewige Glückseligkeit in der Wohnung, die der Herr für uns bereitet. Sterben musste jeder Mensch, der vor uns war, und jeder, der nach uns kommt, auch du und ich – früher oder später, vorbereitet oder unvorbereitet, qualvoll oder gnädig, verzweifelt oder hoffnungsfroh. Wie immer, so auch heute: Es kommt darauf an, *jetzt* so zu leben, dass wir vorbereitet sind auf die Stunde unseres Todes. In dem Maß, in dem wir das tun, wird die Angst weichen und die Freude zunehmen.

---

[59] Walter Nigg, *Das Reich, Geschichte einer Hoffnung,* Zürich1996, S. 217
[60] ebd., S. 10.

Das Reich Gottes beginnt nicht erst nach dem Tod. Es ist überall da gegenwärtig, wo ein Mensch mit Jesus Christus in innerem Kontakt ist und Menschen in Ihm zur Einheit finden. Als Jesus von den Pharisäern gefragt wurde, wann das Reich Gottes komme, antwortete er: „Das Reich Gottes ist (schon) mitten unter euch" (Lk 17,20–21). Machen wir es sichtbar durch den Glanz der Reinheit.

Anhang

Dringende Bitte an die Bischöfe Deutschlands zur Revision der Königsteiner Erklärung[61]

Resolution des Kongresses „Freude am Glauben" in Fulda vom 16. – 18. Juni 2006

Einen Monat nach der Verkündigung der Enzyklika *Humanae Vitae – Über die rechte Ordnung der Weitergabe des Lebens* (HV) durch Papst Paul VI. im Jahr 1968 veröffentlichten die deutschen Bischöfe dazu die *Königsteiner Erklärung* (KE).

Zu einer Zeit, als die allgemein verfügbare, empfängnisverhütende Pille in aller Welt als segensreicher Fortschritt begrüßt wurde, begründete der Papst aufs Neue die beständige Lehre der Kirche, dass Empfängnisverhütung mit dem „Liebesplan" des Schöpfers nicht vereinbar und deswegen „verwerflich" sei. „Diese vom kirchlichen Lehramt oft dargelegte Lehre gründet in einer von Gott bestimmten unlösbaren Verknüpfung der beiden Sinngehalte – liebende Vereinigung und Fortpflanzung –, die beide dem ehelichen Akt innewohnen. Diese Verknüpfung darf der Mensch nicht eigenmächtig auflösen." (HV 12)

Der Verkündigung der Enzyklika *Humanae Vitae* ging ein vierjähriges Ringen Papst Pauls VI. voraus. „Wir haben das Licht des Heiligen Geistes angerufen

[61] Vorlage formuliert von Gabriele Kuby.

und unser Gewissen vollständig und freiwillig für die Stimme der Wahrheit bereitgemacht, um die göttliche Norm zu deuten, die wir aus der inneren Forderung echter menschlicher Liebe, aus der wesentlichen Struktur der Ehe, aus der persönlichen Würde der Gatten, aus ihrer Aufgabe im Dienste des Lebens, sowie aus der Heiligkeit der christlichen Ehe erwachsen sehen." (*Ansprache Papst Pauls VI. in Castel Gandolfo* am 31. Juli 1968)

Geradezu flehentlich bittet der Papst seine Brüder im Bischofsamt: „Setzt euch an der Spitze eurer Mitarbeiter, der Priester und eurer Gläubigen restlos und unverzüglich ein für Schutz und Heiligkeit der Ehe; dafür, dass damit das Leben in der Ehe zu menschlicher und christlicher Vollendung kommt. *Das sollt ihr als die größte und verantwortungsvollste Aufgabe ansehen, die euch heute anvertraut ist.*" (HV 30)

Die Lehrautorität des Papstes anerkennend, sagen die Bischöfe: „Enzykliken sind amtliche Lehräußerungen der Kirche. Ihnen schulden wir religiösen Gehorsam." Sie zitieren dazu zustimmend die Lehre des II. Vatikanischen Konzils: „Dieser religiöse Gehorsam des Willens und Verstandes ist dem authentischen Lehramt des Bischofs von Rom, auch wenn er nicht kraft höchster Lehrautorität spricht, zu leisten; nämlich so, dass sein oberstes Lehramt ehrfürchtig anerkannt und den von ihm vorgetragenen Urteilen aufrichtige Anhänglichkeit gezollt wird, entsprechend der von ihm kundgetanen Auffassung und Absicht (LG 25)". (KE 3)

Obwohl also die Lehre der Kirche über den doppelten Sinngehalt des ehelichen Aktes und das daraus folgende sittliche Gebot beständig und eindeutig ist und obwohl die Bischöfe ihre Gehorsamspflicht und die der

Gläubigen gegenüber dem Papst ausdrücklich anerkennen, erklären sie die Frage der Empfängnisverhütung in der *Königsteiner Erklärung* für einen „Ausnahmefall" von dieser Gehorsamspflicht und stellen sie der Gewissensentscheidung des Einzelnen anheim. (KE 12) Ja, sie verpflichten sogar die Priester, „insbesondere in der Verwaltung der heiligen Sakramente, die verantwortungsbewusste Gewissensentscheidung der Gläubigen zu achten". (KE 16) Diese schwerwiegende Abweichung von der Weisung des Papstes wird nicht begründet.

Das Gewissen urteilt darüber, ob eine Handlung sittlich gut oder schlecht ist. Wenn die Gewissensentscheidung des Einzelnen über die Autorität des Lehramtes gestellt wird, so kann es dafür drei Gründe geben: Entweder halten es die Bischöfe für möglich, dass der Papst in seinem Urteil irrt, welches besagt, dass Empfängnisverhütung eine in sich selbst schlechte Handlung darstellt, die durch keinen noch so guten Zweck gerechtfertigt werden kann. Oder es wird dem irrenden Gewissen der Gläubigen Handlungsautorität verliehen. Der von der Kirche geforderte Verzicht auf Empfängnisverhütung ist aber auf keinen Fall sittlich schlecht, sondern nur schwer, weil er Selbstbeherrschung verlangt. Die dritte Möglichkeit wäre eine Verdunkelung des Begriffs des Gewissens. Dazu sagt Papst Benedikt XVI./Kardinal Ratzinger: „Die Reduktion des Gewissens auf subjektive Gewissheit bedeutet zugleich den Entzug der Wahrheit." (*Werte in Zeiten des Umbruchs,* Freiburg 2005, S. 110)

Durch die *Königsteiner Erklärung* sind für die Kirche, die Gläubigen und die Gesellschaft Folgen eingetreten, die von den Bischöfen so nicht gewollt sein können:

1. Der „Glanz der Wahrheit" über die Heiligkeit der Ehe und der Sexualität, wie sie in *Humanae Vitae* aufleuchtet, wurde verdunkelt.
2. Die Einheit der Kirche im Heiligen Geist, die durch den Gehorsam der Gläubigen gegenüber den Bischöfen und der Bischöfe gegenüber dem Papst immer wieder neu errungen werden muss, wurde beschädigt. Priester und Gläubige wurden in ihrem Vertrauen auf ihre Hirten und auf die Wegweisung durch das Lehramt erschüttert und in einen echten Gewissenskonflikt gestürzt, der bis heute anhält.
3. Durch die Entzweiung im Lehramt konnte die Kirche der sexuellen Revolution, welche das moralische Fundament dieser Gesellschaft zum Einsturz gebracht hat, nicht den erforderlichen Widerstand entgegensetzen. Die Verkündigung der katholischen Morallehre ist weitgehend zum Erliegen gekommen.
4. Die eigenwillige Trennung der zwei Bedeutungen des ehelichen Aktes hat den rückhaltlosen Ausdruck ehelicher Liebe und die Weitergabe des Lebens schwer beschädigt. Sie ist die tiefste Ursache des katastrophalen Geburtenmangels.

Jetzt, wo die zerstörerischen Folgen der sexuellen Revolution zu Tage treten, wird offensichtlich, dass die Enzyklika *Humanae Vitae* ein prophetisches Dokument ist, das dem Auftrag der Kirche, Licht der Völker zu sein, gerecht wird.

Wir fürchten, dass die Kirche in Deutschland von kommenden Generationen angeklagt werden könnte, Mitschuld zu tragen an dem unheilvollen Erbe, das wir den Nachfahren aufbürden: moralische Zerrüttung, Zusammenbruch der Familie und die unabsehbaren Folgen des Geburtenmangels.

Weil wir die Kirche lieben und in Einheit mit unseren Bischöfen und dem Heiligen Vater in den wachsenden Bedrängnissen dieser Zeit Zeugen Christi sein wollen, bitten wir unsere Bischöfe, uns auf dem Weg der Umkehr voranzuschreiten und eine neue Stellungnahme zu *Humanae Vitae* im Licht der *Theologie des Leibes* von Papst Johannes Paul II. zu formulieren.

Aufruf an die jungen Teilnehmer des Kongresses Freude am Glauben

Fulda vom 16. – 18. Juli 2006[62]

Liebe junge Teilnehmer des Kongresses Freude am Glauben!

Wir, die ältere Generation, freuen uns über eure Teilnahme am *Kongress Freude am Glauben*. Der Glaube an Jesus Christus führt in die Freude, weil Jesus Einheit zwischen Menschen schafft, die für sich entdeckt haben, dass Er lebt – Einheit zwischen Gott und Mensch, Mann und Frau, Jung und Alt.

Die volle Einheit erwartet uns erst bei Gott. Aber schon hier können wir beginnen, sie zu verwirklichen, wenn wir lernen, nach Gottes Willen zu fragen; wenn Mann und Frau sich einander unterordnen; wenn sich „das Herz der Väter wieder den Söhnen und das Herz der Söhne ihren Vätern" zuwendet (Mal 3,24). Welche Freude wäre dann in unseren Herzen! Welche Freude in den Familien!

Viel zu viele von uns Älteren haben das nicht getan. Familienzusammenbruch und demografische Krise sind die Folge. Wir haben nach *unserem* Willen gefragt, nicht nach dem Willen Gottes. Wir haben geschwiegen, wo wir Widerstand hätten leisten müssen. Viele Ehepartner haben sich getrennt, anstatt sich von Christus tiefer in die Liebe führen zu lassen; vor allem haben wir uns dem Empfang neuen Lebens aus Got-

---

[62] Formuliert von Gabriele Kuby.

tes Hand oft eigenwillig verweigert. Wie viel Traurigkeit in wie vielen Herzen!

Wir bitten Euch: Verzeiht uns! Dann werden unsere Fehler nicht zu euren Fehlern und ihr werdet frei, die Aufgabe anzunehmen, die Papst Johannes Paul II. und Papst Benedikt XVI. besonders euch jungen Menschen anvertraut: den Aufbau einer Kultur des Lebens, in deren Mitte die Familie steht.

Auch als Priester, Ordensleute und im Zölibat Geweihte dient ihr der Kultur des Lebens, indem ihr schon auf Erden Zeugnis für die bräutliche Liebeseinheit mit Christus gebt. Habt keine Angst, Jesus mutig und vertrauensvoll nach eurer Berufung zu fragen.

Ehe und Familie sind ebenso eine Berufung zur Heiligkeit. Die gläubige Familie ist die Arche Noah dieser Zeit. Du kannst dir eine solche Familie bauen. Deinen Lebenspartner gibt es schon. Bete für ihn oder für sie und warte auf ihn oder auf sie. Lass dich nicht in die Irre führen vom Sexualisierungsdruck dieser Zeit. Reinheit ist schön und Reinheit macht schön. Der Verzicht auf voreheliche Sexualität ist eine Investition in deine zukünftige Familie. Ihr habt Großes vor: gemeinsam ein Leben lang in der Liebe wachsen, in dieser Liebe Kinder zeugen und sie wieder lehren zu lieben.

Jesus heilt, Jesus verzeiht, Jesus liebt und lehrt dich lieben. So kann deine Familie zu einer Quelle der Freude werden und zur Keimzelle einer lebenswerten Zukunft.

Es ist möglich – heute, für dich.

Entschließung des Europäischen Parlements zur Homophobie in Europa

B6-0025/2006

11. Januar 2006

Eingereicht im Anschluss an eine Erklärung der Kommission gemäß Artikel 103 Absatz 2 der Geschäftsordnung von Alexander Stubb im Namen der PPE-DE-Fraktion zur Homophobie in der Europäischen Union.

Das Europäische Parlament,

– unter Hinweis auf die internationalen und europäischen Menschenrechtsverpflichtungen, wie sie in den UN-Menschenrechtskonventionen und in der EuropÖischen Menschenrechtskonvention sowie der EU-Charta der Grundrechte und Grundfreiheiten verankert sind,

– unter Hinweis auf die Menschenrechtsbestimmungen der EU und insbesondere auf die Europäische Charta der Grundrechte sowie auf die Artikel 6 und 7 des Vertrags über die Europäische Union,

– unter Hinweis auf Artikel 13 des Vertrags zur Gründung der Europäischen Gemeinschaft, der die EU zur Ergreifung von Maßnahmen ermächtigt, die die Bekämpfung der Diskriminierung unter anderem auf Grund der sexuellen Ausrichtung und die Förderung des Prinzips der Gleichheit zum Ziel haben,

– gestützt auf Artikel 103 Absatz 2 seiner Geschäftsordnung,

A. in der Erwägung, dass Homophobie als (irrationale Furcht vor und Aversion gegen Homosexualität und schwule, lesbische, bisexuelle und transsexuelle (GLBT) Menschen auf Grund eines Vorurteils betrachtet werden kann, ähnlich wie bei Rassismus, Xenophobie, Antisemitismus usw.

B. in der Erwägung, dass sich Homophobie im privaten und öffentlichen Bereich auf verschiedenem Wege äußert, beispielsweise in Hassreden und dem Aufruf zu Diskriminierung, Verspottung, Beschimpfung, psychischer und physischer Gewalt, Verfolgung und Mord, Diskriminierung unter Verletzung des Grundsatzes der Gleichheit sowie in ungerechtfertigten und nicht nachvollziehbaren Beschränkungen von Rechten, was häufig mit Gründen der öffentlichen Ordnung oder der religiösen Freiheit verschleiert wird,

C. in der Erwägung, dass es, wie in der Presse und von NRO umfassend berichtet wurde, jüngst in einer Reihe von EU-Mitgliedstaaten zu besorgniserregenden Vorfällen kam, die von dem Verbot von Schwulenparaden oder Gleichberechtigungsmärschen bis hin zu Hetzreden, Hasstiraden und Drohungen seitens führender Politiker reichten, oder darin bestanden, dass die Polizei es versäumte, für angemessenen Schutz zu sorgen, oder sogar friedliche Demonstrationen auflöste, dass homophobe Gruppen gewaltsame Demonstrationen veranstalteten oder dass in Verfassungen Änderungen vorgenommen wurden, um gleichgeschlechtliche Heiraten oder eheähnliche Verbindungen zu verhindern,

D. in der Erwägung, dass gleichzeitig in der Bevölkerung bei Demonstrationen gegen Homophobie auch positive, demokratische und tolerante Reaktionen zu verzeichnen waren, ebenso seitens verschiedener Rechtssysteme, in denen die besonders eklatanten und illegalen Diskriminierungen aufgehoben wurden,

E. in der Erwägung, dass eine Reihe von EU-Mitgliedstaaten Rechtsvorschriften in ihre Rechtssysteme integriert haben, die den Schutz von schwulen, lesbischen, bisexuellen und transsexuellen Menschen und die Bekämpfung der Diskriminierung auf Grund der sexuellen Ausrichtung sowie die Förderung der Gleichheit zum Ziel haben,

F. in der Erwägung, dass sowohl auf EU-Ebene als auch Ebene der Mitgliedstaaten weitere Maßnahmen notwendig sind, um die Homophobie auszumerzen unter den Bürgern sowie in einem entsprechenden Rechtsrahmen eine Kultur der Freiheit, Toleranz und Gleichheit zu fördern,

1. fordert die Mitgliedstaaten und die Kommission auf, den Kampf gegen Homophobie entweder durch erzieherische Maßnahmen – wie Informationskampagnen gegen Homophobie in Schulen, Universitäten und den Medien – oder über Rechts- und Verwaltungsvorschriften sowie legislative Mittel zu verstärken;
2. fordert die Mitgliedstaaten auf, sicherzustellen, dass von Homophobie geprägte Hassreden oder Anstiftung zu Diskriminierung äußerst effizient geahndet werden und dass die Demonstrationsfreiheit – die in allen Menschenrechtsverträgen verankert ist – wirklich respektiert wird;
3. fordert die Kommission auf, sicherzustellen, dass Diskriminierung auf der Grundlage der sexuellen Ausrichtung in allen Bereichen verboten wird, und zwar durch Vervollständigung des An-

tidiskriminierungspakets auf der Grundlage von Artikel 13, entweder im Wege neuer Richtlinien oder durch Vorschlag einer allgemeinen Richtlinie, um so alle Arten der Diskriminierung in allen Bereichen abzudecken;

4. fordert die Mitgliedstaaten auf, die Bekämpfung der Homophobie bei der Mittelzuweisung für das „Jahr 2007 – Gleichheit für alle" zu berücksichtigen und GLBT-NRO einzubeziehen, und fordert die Kommission auf, diesen Prozess strikt zu überwachen und dem Europäischen Parlament jede Unterlassung eines Mitgliedstaats, diese Maßnahmen durchzuführen, zu melden;
5. fordert die Mitgliedstaaten auf, jede weitere Maßnahme zu ergreifen, die von ihnen als für den Kampf gegen Homophobie und Diskriminierung auf Grund der sexuellen Ausrichtung geeignet angesehen wird und zum Ziel hat, den Grundsatz der Gleichheit in ihren Gesellschafts- und Rechtsordnungen zu verwirklichen;
6. beauftragt seinen Präsidenten, diese Entschließung dem Rat, der Kommission und den Regierungen und Parlamenten der Mitgliedstaaten und Beitrittsländern sowie dem Europarat zu übermitteln.

Sexualität und Lebensglück

Wochenendseminar
für unverheiratete junge Leute
zwischen 15 und 30 Jahren

Falls Sie ein
Wochenendseminar
Sexualität und Lebensglück
veranstalten wollen, wenden
Sie sich bitte an die Autorin
dieses Buches.

Anfragen an:

Gabriele Kuby
Gänsbach 24
D-83253 Rimsting
Tel: 08051 963 37 80
Fax: 08051 963 3781
E-mail: gabriele-kuby@t-online.de
Homepage: www.gabriele-kuby.de